围棋高手在想什么：
基本作战问题大集锦

（日）水间俊文 编著

鲁健 刘林 译

辽宁科学技术出版社

沈阳

© 2023，辽宁科学技术出版社。

本书由CREEK & RIVER授权辽宁科学技术出版社在中国出版中文简体字版本。

著作权合同登记号：第06-2021-118号

图书在版编目（CIP）数据

围棋高手在想什么：基本作战问题大集锦／（日）水间俊文编著；鲁健，刘林译. —沈阳：辽宁科学技术出版社，2023.5

ISBN 978-7-5591-2897-3

Ⅰ.①围… Ⅱ.①水… ②鲁… ③刘… Ⅲ.①围棋—对局（棋类运动） Ⅳ.①G891.3

中国国家版本馆CIP数据核字（2023）第024594号

出版发行：辽宁科学技术出版社
　　　　　（地址：沈阳市和平区十一纬路25号　邮编：110003）
印　刷　者：辽宁新华印务有限公司
经　销　者：各地新华书店
幅面尺寸：170mm×240mm
印　　张：14
字　　数：150千字
印　　数：1~4000
出版时间：2023年5月第1版
印刷时间：2023年5月第1次印刷
责任编辑：于天文
封面设计：潘国文
责任校对：尹　昭　王春茹

书　　号：ISBN 978-7-5591-2897-3
定　　价：58.00元

联系电话：024-23284740
邮购热线：024-23284502
E-mail:mozi4888@126.com
http://www.lnkj.com.cn

前 言

借此机会，首先要感谢购买本书的围棋爱好者。

在之前所著的《围棋打谱提高法：围棋的作战下法与白棋的行棋意图》一书里，我们主要是以围棋的基础知识和心态为重点，进行了详细分析。在这本书里，我们站在下手的角度，针对困扰他们的手筋、攻击、死活、官子等具体问题，从思考方法这个重点出发进行详细的讲解，希望能给大家带来进一步的启发。

迄今为止的围棋书和解说都有说明不充分的问题，这让初学者和低级位爱好者不容易理解、吸收。为此，本书将以"九子—六子让子棋"为中心，剖析其中的各种要素，进行深入细致的解说，希望能够帮助爱好者加深对围棋的理解，提高进步的速度。

围棋难在何处？我觉得难就难在目的和对结果的判断——每一手的作用（目的）是什么，一个段落之后得失又是什么（形势判断）——如果总是拘泥于研究和死记硬背一些表面上的技术或手段，就会看不到本质，迷失了目的，对结果的判断也将模糊不清。我们在这本书里，将尽量围绕围棋的本质（稍微有点夸大……）来举例说明，供大家参考。

如果问到围棋的上手（高手）与下手（低手）之间的差别到底在什么地方，我觉得那就是，两者不仅是有知识和技术之差，而且更有对围棋的本质（思考方法）的理解并能够应用于实践的差别。

在这本书里，我们尽力将问题简单化，只要大家在学习时反复阅读每个问题的解说，不知不觉之间你就会从下手成长为上手。

如果你还没有看过《围棋打谱提高法：围棋的作战下法与白棋的行棋意图》，那就和本书合在一起学习吧，我相信这两本书能够让读者对围棋的思考方法有更进一步的理解。

如果本书能够对那些想提升棋力的爱好者提供一些参考，我将倍感荣幸。

水间俊文

2020年12月

目 录

第1章　大局观 ··· 1

　　问题1　黑先 ··· 7

　　问题2　黑先 ··· 13

　　问题3　黑先 ··· 19

　　问题4　黑先 ··· 25

第2章　浅消、打入、破空的对策 ····················· 33

　　问题5　黑先 ··· 39

　　问题6　黑先 ··· 45

　　问题7　黑先 ··· 51

　　问题8　黑先 ··· 57

第3章　中盘的攻防 ··· 65

　　问题9　黑先 ··· 71

　　问题10　黑先 ··· 77

　　问题11　黑先 ··· 83

　　问题12　黑先 ··· 89

第4章　手筋 ··· 97

　　问题13　黑先 ··· 103

　　问题14　黑先 ··· 109

　　问题15　黑先 ··· 115

　　问题16　黑先 ··· 121

第5章　对杀 ··· 129

　　问题17　黑先 ··· 135

　　问题18　黑先 ··· 141

问题19　白先 ……………………………………………… 147

问题20　黑先 ……………………………………………… 153

第6章　死活 …………………………………………… 161

问题21　黑先 ……………………………………………… 167

问题22　白先 ……………………………………………… 173

问题23　黑先 ……………………………………………… 179

问题24　黑先 ……………………………………………… 185

第7章　官子 …………………………………………… 193

问题25　黑先 ……………………………………………… 199

问题26　黑先 ……………………………………………… 205

问题27　黑先 ……………………………………………… 211

专栏

围棋和节奏、棋音 ………………………………………… 32

围棋和落语 ………………………………………………… 63

围棋与教育 ………………………………………………… 95

棋手是数学家? …………………………………………… 96

第一感 ……………………………………………………… 127

时间和贴目 ………………………………………………… 128

计算 ………………………………………………………… 159

棋盘的魅力 ………………………………………………… 160

扇子的变化 ………………………………………………… 191

围棋和名言 ………………………………………………… 192

推荐"自由摆放的让子棋"和"倒贴目棋" ……………… 216

翻译心得 ……………………………………………… 217

第1章 大局观

在当今世界的生活中，有各种各样的游戏，比如日本将棋、国际象棋、扑克、麻将、黑白棋（奥赛罗棋），在这些游戏中，唯有围棋以它独特的魅力傲视群雄，是其他游戏无法比拟的。

围棋的道具也就是画几条线当作棋盘，加上黑子、白子就可以了，非常简单。

然而，不管多简单，围棋却又是所有游戏里面最深奥的，实在是不可思议。

最有意思的就是，**尚未决定其作用和责任的黑白棋子们，随着局面的进行，开始主张各自都有自己的作用和价值。**

棋手一边倾听着棋子各自的主张，一边谋划着作战方案，从单纯的局部战斗到棋盘整体的全面战争，在持久战的视野下寻找各种各样的可能性。

在这种作战中，最为重要的就是**大局观**，那就是除了**盘上的技术之外，还包括思考、感情、心态、胜负感等。**

盘上的技术之外的要素有很多，这和棋力无关，大都是可以运用在棋盘上的。

首先，作为大局观的基本思考方法是：

- **不局限于部分对全盘进行思考。**
- **在长期的视野下思考。**
- **站在对方的立场思考。**

诚如大局观这三个字所表达的那样，一定要将整个棋盘纳入开阔的视野中看大局。

在对局中，如果只是沉浸在局部的战斗中，不知不觉就会被局部细小的"得"与"失"所束缚——棋盘是宽广的，到终局为止是漫长的（手数之多好比马拉松）游戏。

而且，尽管对局双方都是面对着同一个盘面，很可能会有不同的看法或不同的思考方法，当自己觉得很为难的时候，"好难解的战斗呀……""搞不清该怎么下"，对手或许也正在苦恼不堪，"太复杂了根本看不清……"

当你的视野拓宽了，你对事物的思考、情感、构想、判断也会逐渐发生变化——这种至关重要的思考方法，是不是也能够与社会生活中的人际关系和人生结合在一起呢？

因为本书是以棋力有差距的让子棋为题材，所以我们用"上手的思考（棋力强＝白）"和"下手的思考（棋力弱＝黑）"这种显而易见的表现方式。

我们暂且不提各种细致的手段（盘上的技术），先谈一谈"上手在对局时都想什么？""下手能从上手那里学到什么？"一旦了解到这些，相信有很多人的棋力都会得到提高。

因为是让子棋，所以对局是从棋盘上摆上了几个黑子的状态下开始的，毫无疑问，这些被让的子数就是一开始黑棋领先的部分。

也就是说，黑棋形势好、白棋形势不好。

我们拿马拉松来比喻，就好像是黑棋从起点处1千米之前的地方开始起跑（根据实力的差距，也可能是2千米、3千米、10千米）。

后面从起点处出发的形势不好的白棋，要想一下子就追赶上是不现实的，于是就会考虑在抵达终点这个长距离里一点一点慢慢追赶，最后超越。

对于一上来就是形势落后的白棋来说，其作战方针是：

- 扩大局面。
- 拉长战线。
- 施放胜负手。

在这三点要素中，"施放胜负手"是最后的手段，这次我们暂且不谈，先讲述上手在"扩大局面"时的思考：

- 打散空间和棋子（使局面复杂化）。
- 不急于定型保留不确定性因素（混乱的根源）。
- 增加各种选择（让对方选择、迷惑）。

首先要考虑到的事情是上手和下手之间有什么不同，那就是体现在知识、经验、计算、判断力等方面，然后是浪费和失败的数量。

上手在到达终点时没有任何浪费和无用功，一步一步向前迈进，与此相比，下手可能会在途中迷失或跑错路线，一会儿休息一下（浪费），没准儿还会摔倒、受伤，于是当初起跑时领先的距离就慢慢地被缩小了。

作为执黑的下手一方，大都希望保持自身安全，让黑棋的棋子都联络在一起，将模样转化为实地，那是最轻松的事情了。

但是作为执白的上手一方，就要将黑棋分断，对于可能形成模样的空间进行压缩，将**局面打散**，让下手**苦恼、困惑，将棋局导入容易出错的复杂局面**。

同时，由于不急于定型，就可以留下（增加）很多不确定的因素。

基本上来说，下手不可能像上手那样计算很深，不确定的形状就会让下手产生不安。

这种**不确定的因素就会造成心理负担，让下手感到不安、担心，结果就会下出损棋和废棋**。

业余爱好者的上手（白棋）也常常会下出对方反正是会应的一手（比如刺、打吃、冲），然而，这样定型后，局面就变得清晰明白，对手的下法也就变得容易了。

即便是在心理上，也不要过早定型，**让对方安心就是损**，希望大家能够注意到这一点。

增加各种选择（让对方选择）这一点，可能会觉得不好理解，我利用一句赌博的世界里有名的必胜法则来说明，那就是"人是会出错的动物"。

两个人在较量胜负的时候，从对方手中的两张牌里（一张"胜"，一张"负"）抽一张，本来应该是各有一半的机会，胜负是五五开，然而，抽中"负"的可能性往往高于"胜"（不是概率论，请见谅）。

原因何在呢？那就是因为，随着赌资越来越大，不安和紧张感也就越来越强，于是也就越来越容易失败。

二选一尚且如此容易出错，三选一，四选一，随着选择的增加，失败的可能性也在增加——这个道理应该一目了然吧。

不用说，围棋也是同理，何况围棋在序盘阶段棋子还不多的时候，你的选择就像天上的星星一样多。

作为上手（形势不好的一方）在对下手（形势有利的一方）的时候，不会总是下出让对方容易应对的变化，而是选择那些让对方困惑的着法，将局势引向未知因素多、选择性多的局面。

接下来再说说"拉长战线",内容包括：

- **避免出现凝重的弱棋。**
- **避免短期决战（不利的地方不作战）。**
- **目标持久战（官子阶段决胜负）。**

"凝重"如字面那样，就是**棋子随着子数的增加团聚在一起，分量就会越来越重，当这团棋子对战斗和实地产生影响的时候，责任也就格外重大。**

凝重的棋子一旦成为弱棋，弃又弃不掉，行动受限，自然也就无暇顾及盘面上的其他好点。

本来，在让子棋的序盘，是白棋的状况并不好的阶段，道理上短期决战是很难奏效的，抱着"对方是下手应该会出错吧"的想法，下出无理手而不是堂堂正正的着法去一决胜负，就会影响棋力的提高。

踏踏实实地逐渐占据好点，拉长战线，让黑棋焦急慌乱、忙中出错，抓住战机徐徐图之极其重要。

就这样，一旦将战线拉长，就会成为慢慢缩小差距的长期战，随着手数的增加机会自然就会从天而降。

好，道理已经讲了很多，下面我们看看实战，图1，这是9子局，看看白棋失败的例子。

四个角虽然都是定式，但是，不仅黑棋全部得到安定，而且还形成了大模样，是黑棋非常轻松愉快的局面。

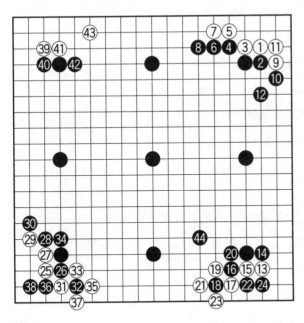

图 1

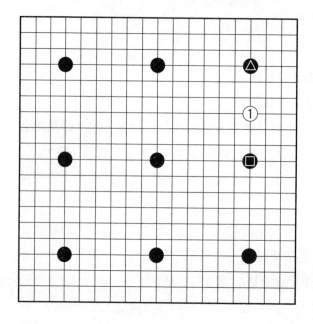

作为白棋，像白1这样将黑棋分断，打入黑△和黑◼之间，**将局面细分化、复杂化**，这才是**上手的下法**。

黑棋的模样也因为被分断而使局面复杂起来了。

对于形势好的一方（黑棋）来说，其下法应该是：

图2

- 尽快定型（减少不确定因素）。
- 注意本手（减少不安定因素）。
- 不放过一决胜负之处（通过攻击早期解决）。

进一步详细说明的话：

- 棋子联络在一起得到安定（加强）。
- 棋子联络在一起构成阵营和模样。
- 不制造出弱棋（本手）。
- 彻底攻击对方的弱棋。

只用文字是很难说清楚的，我会通过出题来做详细的解说。

虽然说人是会出错的动物，不过，在极其重要的比赛中获胜的人当然存在。

在被问到当时的心境时，他们大都会这样回答：

- 做好准备坚信必胜（消除不安）。
- 重视直感（不迷惑、不烦恼）。
- 无我、无欲、无心（明镜止水的境界）。

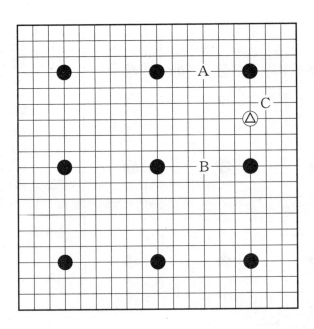

问题图

在战斗开始之前，**布局阶段只要不把棋子下在价值低的一线、二线，基本上都是好手，没有问题。**

重要的事情是"**以自己想下的棋形（阵营、模样、战斗）为目标**"，以及"**认真观察对方所下的每一手棋**"。

偶尔会有这样的人，根本不好好看对方下在哪儿了，只顾在自己想下的地方秒拍上去，这种把"**围棋是两个人的游戏**"抛之脑后的下法是不可以的。

中国唐代的围棋名人著有格言集《**围棋十诀**》，其中有一句是"**动须相应**"，所强调的重要性就是，针对对方下出的一步，己方的下法也要有柔软性，做出相应的变化。

因为9子局是黑棋棋子多、容易联络的局面，白棋像白△这样逐步分割黑棋是不错的下法。

就像前面已经说过的那样，无论最初阶段下在哪里，基本上都是好手。

没有什么正解和失败，A ~ C三个选项，下在哪儿好呢？

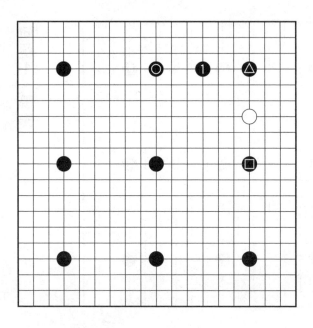

注重棋子联络的配置

图 1

面对白棋的打入分割，黑棋**防守**之际的思考方法是：

- 被分断的己方的棋子哪边是弱棋。

- 哪边的棋子更重要。

（反击的思考方法，请参考第11页的图7）。

判断弱棋的一个方法就是看它有几条出路。

棋子被封闭在里面就有危险，"出路越多就越不用担心，是强棋""出路少的就是弱棋"。

从这个判断出发，右边的黑■一子虽然被白棋分割，但是还有两个方向的出路。

然而角上的黑▲因为白棋阻挡在一个出路上，就只剩下一个方向了（盘端方向处于低处是死胡同，不能称为出路）。

这里，黑1这手棋，从黑▲向这边前进，与黑●配合很好地取得联络，在安心的基础上还可以构成模样。

同时，**角上的棋子是非常重要的，从边上向中央发展时，容易构成模样和实地**。发现弱棋和重要的棋是磨炼大局观的第一步。

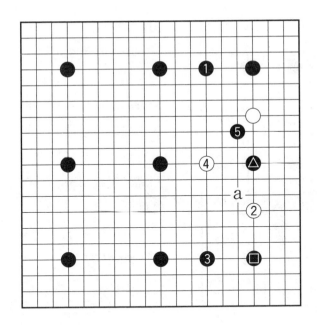

图2

图2（弱棋出头）

接上图，白2打入，分割黑▲和黑■之间的联络，导致黑▲和黑■各自都只有一条出路，于是这里出现了分歧点。

黑3补强黑■的话，白4分断，黑5（或者a位）开始进行战斗。

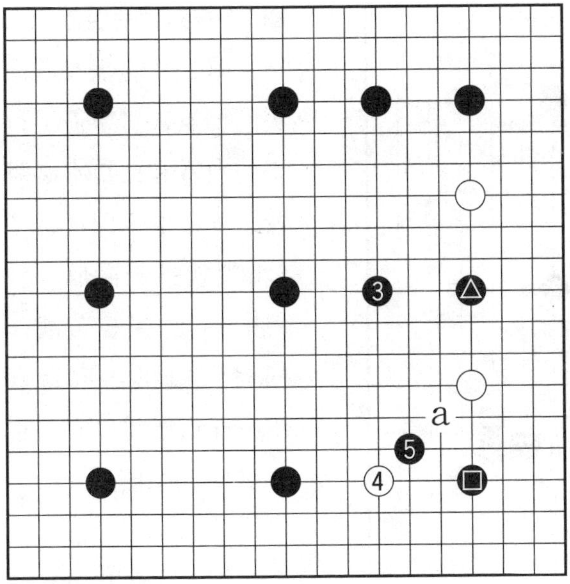

图3

图3（分断对方的弱棋，进行攻击）

如果重视黑▲的话，黑3和天元一子取得联络，右上的黑棋优势巨大，白4打入下边，黑5（或者a位）开始，让黑■出头的同时分断白棋进行战斗。图2、图3都是有力的下法。

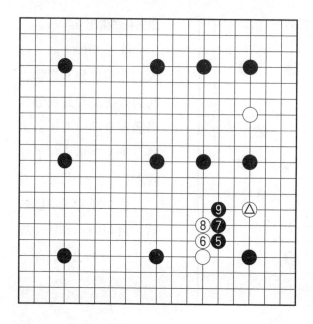

图 4

图4（确保出头）

图3的黑5之后，因为确保了6位和7位两个方向可以出头，黑棋在这里就可以放心大胆地行棋，白6，黑7，白8，黑9继续出头，对白△施压。

白6如果下在黑9位，黑6位是要点。

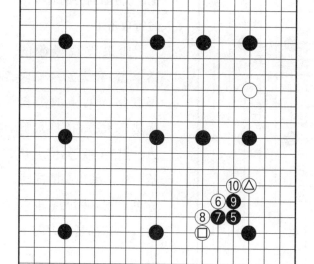

图 5

图5（被封锁后苦战）

图3中的黑5是出头的要点，对于逼近过来的白△和白▢不必恐慌，如果像本图这样黑5小尖就过于谨慎，被白6飞封，黑棋苦战。同时，白棋还取得联络，让白棋得以安心也是很难受的事情。

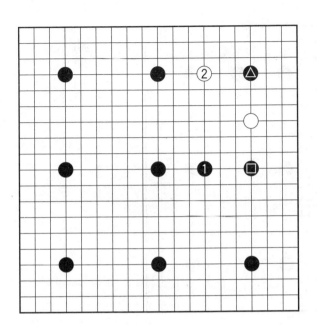

图 6

图6（弱棋将被攻击）

黑1这手棋，补强出路多的强子黑■，白2打入阻挡住黑△的出路，顺势将棋局导入战斗的局面。按照图3→图4那样进行的话，是黑棋大可一战的局面，现在的局面对于下手来说就有点可怕了。

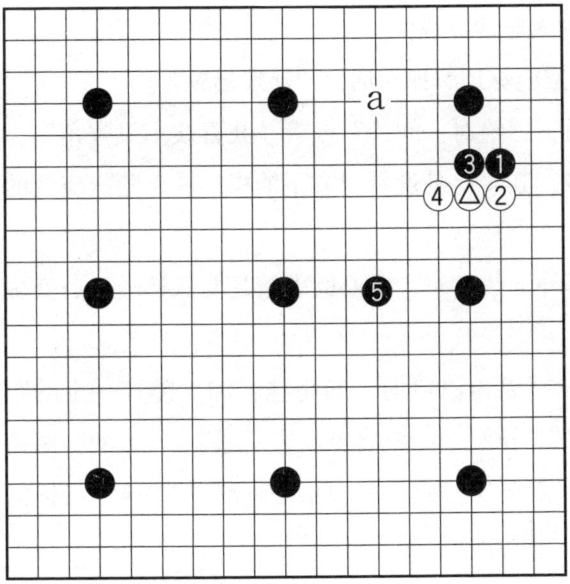

图 7

图7（重视搜根攻击）

黑1，一边巩固角部一边夺取白△的根据地，是积极攻击的一手，白2如果应，黑3到黑5，白棋成为一根棍子，黑棋步调极其流畅。白2如转向a位等地方是具有大局观的轻快的下法。

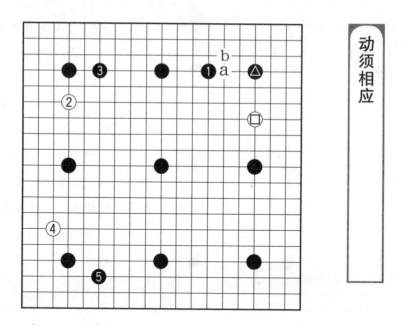

图8

图1中黑1的二间跳应是我们推荐的一手，"为什么不是黑a位的一间跳或黑b的小飞呢？"有这样想法的人非常敏锐！

之所以要这样，我希望大家能够理解那句话："**动须相应**"。

不管对方用哪种方式挂角，"绝对一间跳"或者"我喜欢小飞守角"，事先就做出这样决定的人很多，其实这是**没看对方下的棋**，缺乏随机应变的灵活性。

暂且不论哪种下法对、哪种下法不对，重要的事情是要**保持随机应变去应对的心情**。

我们要有这样的感觉——"因为白□的二间高挂，和黑▲有一定的距离，所有可以从容地黑1二间跳，拉开一些距离也没有问题""白2的一间高挂相对靠近了一些，那就窄一点坚实一点黑3一间跳应吧""白4小飞挂的话，根据地的问题很重要，还是黑5小飞应吧"。

认真看清对方所下的棋子，让我们**手谈（用棋子进行对话）**一局吧。

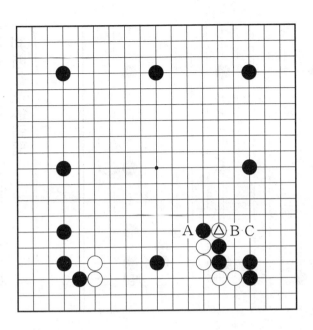

问题图

在第2页中我们提到，**"尽管对局双方都是面对同一个盘面，很可能会有不同的看法或不同的思考方法"**，实际上受自身感情和看问题的方式（角度）的影响，也会看到盘面上呈现出不同的"景色"（职业棋手也是如此）。

一般来说，盘面看得很清楚时也连连吃了败仗，一旦情绪低落，也许就会在悲观心情的支配下怎么看都是己方的局势不好。

要想了解对战对手的心情，**从对方的一侧看棋盘**有时也很有趣吧。

顶尖棋手中也有从记谱员手中要来棋谱倒着看的先生，听说将棋的世界里也有棋手会威严地站在对手的身后凝视棋盘（礼仪方面好像有点问题）。

问题图是8子局，白△断的局面。

和9子局不一样，天元没有子，但是基本的思考方法没有变。

相互切断的棋子纠缠在一起的战斗开始了，大家眼中的景色是什么样子的呢?

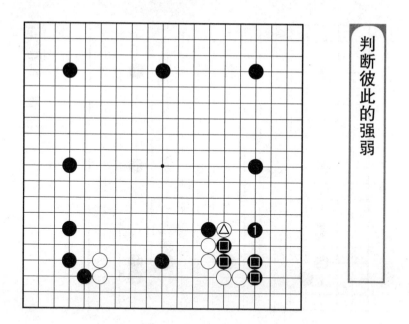

判断彼此的强弱

图 1

看到像白△这样的断，下手常常马上就会这样想，"这可要命了""怎么办""怎么也不能被吃掉呀"，其实，在这之前，思考一下"彼此棋子的强弱"和"哪些棋子更重要"才是关键。

不过，从一开始就不可能给出正确的答案，要说起来，围棋就没有正确答案。

重要的是，对局者本人的思考，以及如何将这些思考反映在盘面上。

首先，在右下角的接触战中，棋子的数量双方都是5个子，形状也相似，彼此贴在一起，强度基本是一样的。

其次，考虑到现在是轮到黑棋下子，因此可以说这是黑棋有利的局面。

所以，既然不能马上吃掉白△，那就以补强己方弱点（弱棋）的本手为目标去寻找下一手。

黑1，不仅补强了黑■，守护住了弱点，还向右边出头，成为好形。

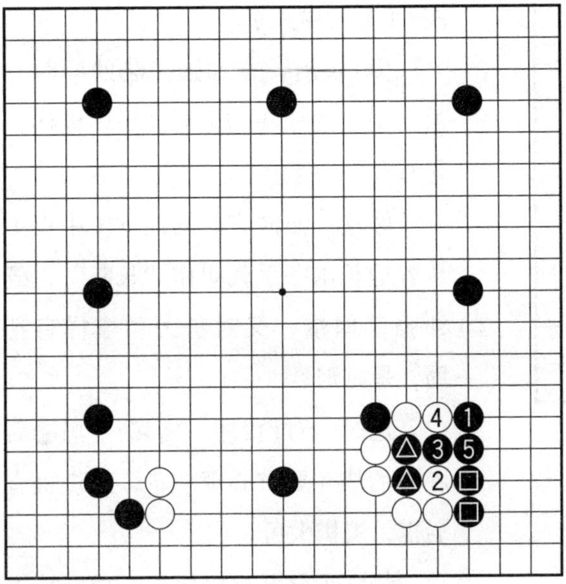

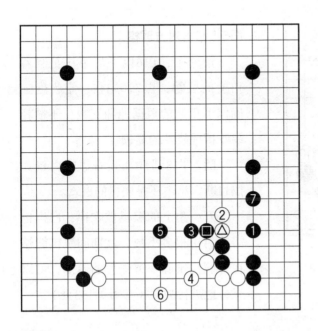

图 2

图2（有备无患）

由于有了黑1的准备，白2开始攻击黑△，黑3逃出，白4、黑5，可以和黑■安全联络。白2如果走3位，黑2位粘住，白2如果走4位，黑5双板凳联络。

图3（棋子联络加强自身）

白△一子是切断黑棋的重要的"棋筋"，白2长增加气数加强了自己，黑棋也一样，黑3长，补强棋筋黑■，白4、6防守，黑5、7联络，加强自身。

图 3

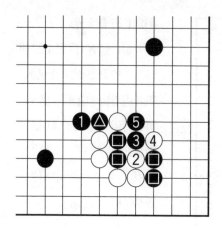

图 4

图4（重视中央）

黑1长出，在加强黑⬤的同时，重视中央的战斗和全局的黑棋模样，是有利的一手。

像这样面向广阔的地方（中央）从容地长出一手就叫作**"长断"**，既**补强了弱棋，又对势力和模样有帮助，是好形。**

这时，对白2冲、白4断下黑▣后展开的战斗要有心理准备，白棋也有弱棋，黑棋大可一战。

仔细观察就可以发现，相互接触在一起的地方，黑棋被分为三块，白棋被分为四块，是白棋苦战的局面。

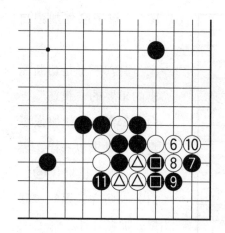

图 5

图5（狙击对方弱棋）

接前图，白6以下的手法是瞄着角上的黑▣，黑7，先在一定程度上确保了角上的根据地和气数，**不被轻易吃掉是战斗的要领。**

随后白8到10加强右边的白棋，黑11断，狙击还是弱棋的白△。

万一角上的黑棋被吃掉，白棋也需要付出很多手数，这期间黑棋能够在外侧构筑起一道强大的厚壁，可以充分地进行战斗（参考第153页）。

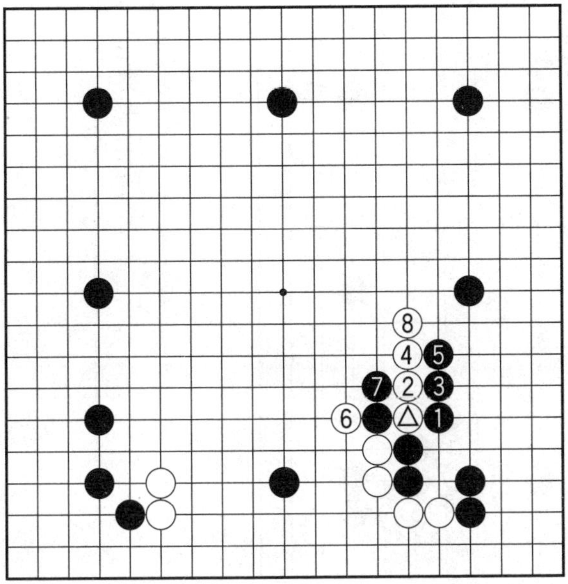

图6（打吃打吃是臭棋）

黑1的打吃，去追杀吃不到的白△，加强了对方的棋子而己方的棋形并不完整，"打吃打吃是臭棋"。白2、4之后，黑3、5也不得不应，结果中央的战斗形成黑棋苦战的局面。

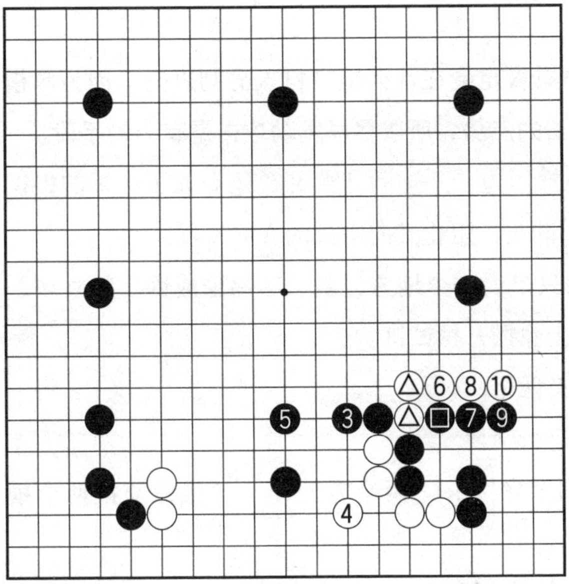

图6

图7（靠近强棋就变弱）

图6中的黑3如本图，黑3长出进行战斗虽然是有力的一手，但被白6拐下后，由于黑■和得到加强的白△接触在一起，变成弱子，进行到白10，黑棋被封闭在里面。

这里，请仔细看一下和图1中黑1的区别——拉开距离，棋形轻松漂亮。

图7

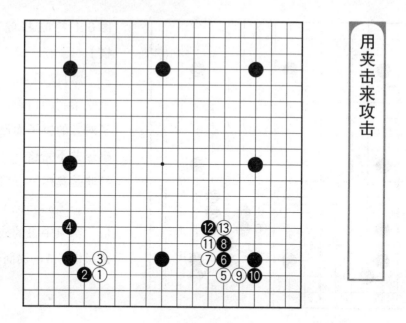

图 8

　　图8是问题图形成的顺序，黑2尖顶和黑6～10的压长定式，可以应用于各种各样的场合，是基本的下法。

　　8子局、9子局的时候，白棋肯定会在什么地方打入分割进来，因为黑棋角上和边上的星位已经构成夹击的态势，所以尽早发动攻击是有力的手段。

　　黑2的尖顶，一边给白1施加压力，一边防守角部，还夺取了白棋的根据地。黑6的压靠，按压住了白棋的头，阻止其向中央的方向发展。

　　在学习定式的时候，如果只是看一个地方，就很容易形成固定的立场、观念，最好能够在其他三个角上也摆一摆试试。

　　还有就是，棋子的方向也有两个。

　　进一步还可以将黑棋白棋进行交换。

　　这样，一个定式就是"四个角"×"两个方向"×"黑白交换两个模式"，共计有16种模式可以学习。

　　有很多人好不容易记住了定式，可是一到实战就搞不明白了，对此，上述方法绝对值得一试。

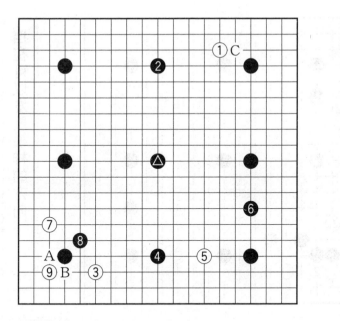

问题图

　　问题图是7子局，进程的顺序如图。

　　为什么这次要加上进程的顺序，因为其中隐藏着让子棋必胜法（说得有点夸张）。

　　7子局是由左右三连星的结构加上占据中央的天元（黑△）的状态开始的。

　　9子局、7子局、5子局的让子棋，天元一子是否能够发挥效用是一个大问题，大抵上，下手都是在没有运用天元一子的前提下行棋的，结果就是让上手为所欲为了。

　　让这个天元发挥作用的方法，大致有两种：

· **对发展模样起到作用（大局观）。**

· **在战斗中起到作用（攻防）。**

　　不论是哪种，只要是棋子向中央发展，天元就"活"了。

　　为此，对"边"给予重视，使其**与天元连（配合）起来是有效的手段**，对于白1、3，黑2、4夹，攻击的同时形成模样。

　　白7双飞燕时，黑8尖出头，慎重的一手。

　　接下来黑在A～C中选择哪种下法呢？

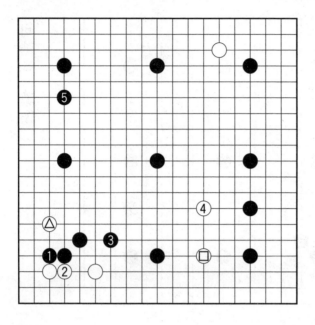

挡在可以发展模样的方向

图 1

当星位被点三三时，"挡在哪边好呢？"我们常常会看到这种苦恼困惑的场面。

此刻的判断标准是：

- 挡在宽的方向。

- 挡在模样有发展潜力的方向。

- 挡在对攻防有帮助的方向。

- **将对方的棋子压往狭小且没有发展前途的方向。**

现在的局面下，只看左下的话，是左右同形，但是当你**运用大局观将视野扩大**到右下方和左上时，就会发现不同之处了。

右下已经有白⬡一子等候在那里了，而左上没有白子。

因为对方没有棋子的地方就容易形成"模样"，所以就要去发展左上方的黑棋模样。

这个局面，黑1挡，分断白△，在左边形成厚壁，构筑大模样。

对于白2，黑3联络是极大的一手。对于白4的出头，黑棋置之不理，黑5占据关键的要点，活用天元一子构成大模样。

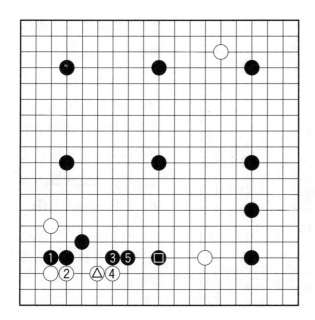

图2

图2（飞压的封锁严厉）

黑3飞压是严厉的构想，因为白△位于三线，可以从高处的四线将白棋压制在下面。

白4应，黑5长，和黑■相配合，外势更加厚壮。

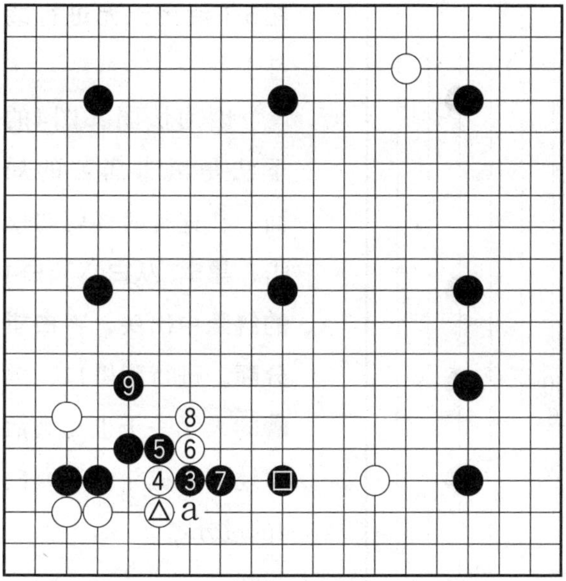

图3（飞压用于不怕反击的场合）

但是，因为黑3的飞压靠近了白△，白棋有白4冲、白6断的反击手段，这种局面下，黑7到黑9进行战斗，天元一子也发挥了作用。

黑7在a位挡下紧住白棋的气也是有力手段。

图3

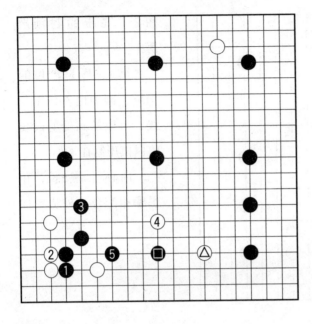

图 4

图4（方向错误，模样很小）

黑1挡、3跳，和图1相比看上去好像没有什么变化，但是由于下边有白△，黑棋模样就变得很小。更进一步，白4镇，上手会来威胁黑■。

黑5尖过于畏缩，黑棋的模样被白棋压成扁平形状。

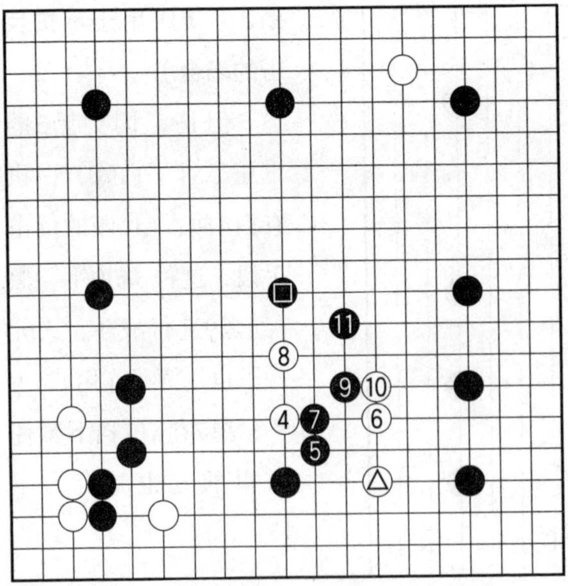

图 5

图5（活用天元进行战斗）

因为怯弱，图4的下法是黑棋痛苦的局面。在这种时候就要反击，黑5，从白△和白4的缝隙中出头，将白棋分断。进行到黑11，黑■的天元一子也充满活力地加入战斗，追究白4的过分之手。

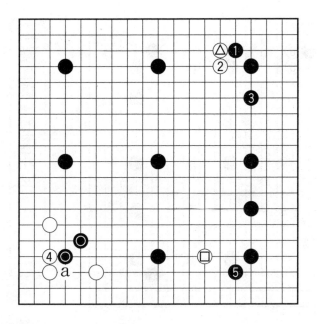

图6

看不清的地方就脱先

如果无从判断左下角到底是在哪个方向挡住才好的场合，当场"脱先"先行占据其他好点也是有力的下法。

黑1攻击白△，这手棋既补强了己方，也是**不容置疑的好点**。

与其拘泥于看不清的地方，不如**纵览全局去寻找其他好点**，只要掌握了**"大局观"**，我们就会发现盘上还有很多的好点。

这里要注意的是，白4长的时候，突然担心起黑◎的安危而于a位应一手，**这种交换没有必要**。

一旦脱先后，当自己没有走的地方被对方走到时，要有这种心情，"在这个地方对方增加了棋子，如果自己再去走的话，价值就更小了，只要黑◎不被大吃就行。"

不可思议的是，我的学生们大部分都会跟着白4在黑a位应一手，而我很希望他们能够再次脱先，转向黑5攻击白▢等好点。

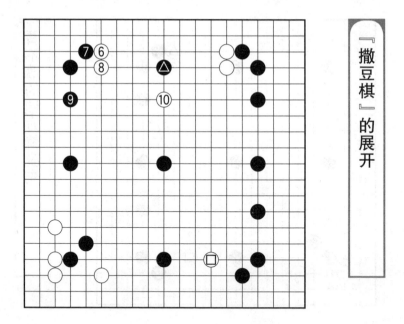

图7

　　图6之后，右下角黑棋越来越多，白◎即便出动，似乎也看不出能有什么好的结果。

　　于是，白6~10，哪怕只是少一点，**也要尽量在黑子少的地方行棋，这种地方更利于战斗（攻击黑▲），这样的转战就是将棋盘扩大、拉长战线的下法。**

　　让子棋的上手也是如此，强手往往都是那些大局观出类拔萃的人，他们能够极其出色地利用棋盘的广度。

　　日本昭和时代的代表性棋手**岩本薰先生，像种豆子一样将棋子撒在整个棋盘上的各个地方，被称为"撒豆棋"。这里那里事先到处埋下种子，随着局面的展开和对手的应对，再去决定"让哪颗种子长出来""哪颗种子不要了"。**

　　下手总是拘泥在一个地方，"不到黄河心不死"，怎么都不肯离开。

　　如果在一个地方总是下到最后，不仅没给自己留条后路，也失去了其他的选择，很有可能会出现致命的失败。

　　所以，进行到了一定程度，保留状态，这样就留下了**各种各样的可能性和后续手段。**

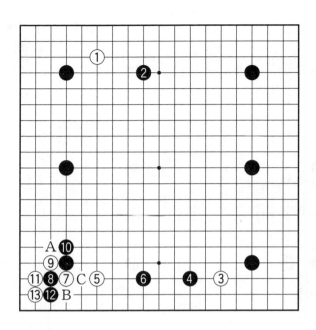

问题图

6子局的时候，天元没有子，左右都是三连星。

上边、下边、中央都是空旷宽阔的空间，所以走哪儿都是"大场"。

从下手的心理而言，是容易这样想的，**"尽早把左右的三连星从模样变成实地"**，其实这是缺乏大局观的狭隘的想法（第31页将详细叙述）。

从白棋的立场来看，与其一下子就打入右边或左边的三连星里去，不如**在更宽广的上边和下边对黑棋施加压力，从而发展白棋的模样和势力**，可以说这样才是具有大局观的自然的下法。

这里，白1、3、5挂角，就像前面已经讲过的那样，黑2、4、6从宽广的方向夹击，在对白棋攻击中掌握主导权。

白7托，白9扭十字，将黑棋卷入战斗是上手的常用手法。

黑10是**"扭十字长一方"**的手筋。

对白11～13的手段黑棋如何应对？

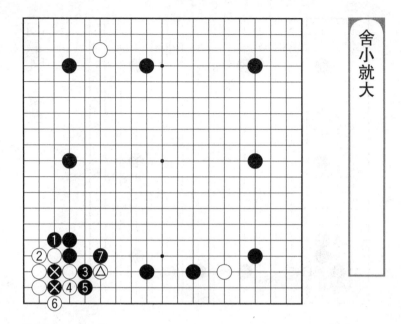

图 1

在第7页介绍了唐代的《围棋十诀》，因为是"十诀"，所以有十种类型的经典格言。

其中一句有名的格言就是**"舍小就大"**。

意思就是舍弃掉小的，面向大的地方。

相似的格言还有一句**"弃子争先"**，将两句格言合为一组，记下来后一定会对大局观的形成有所帮助。

不管是哪句话，格言都告诉我们，要舍弃那些小的地方和小的棋子，**离开那些价值低下的地方，着眼于有发展性的高处和广处。**

左下角，白棋拘泥于角部这种小的地方，黑1打吃先手便宜之后，黑3挖，断开白△，广阔的外面前途一片光明，是非常出色的判断。

黑Ⓧ两子作为弃子充分发挥了作用。

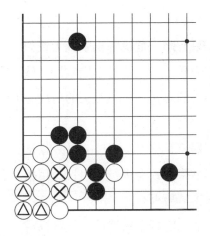

图2

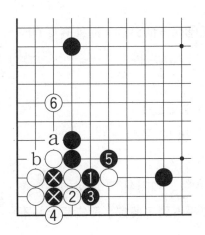

图3

图2（弃子的效果）

棋子被吃掉，有些人会在感情上接受不了，总觉得自己"亏了！"其实，不计算一下的话，你就不知道到底是亏了多少。

"损（亏）"是有很多标准的，最简单明了的就是对方吃掉的棋子"实地的大小（目数）"。

因为黑棋已经不能打入左下角的白棋实地了，白△是4目，白棋提掉黑⊗两子4目，加起来不过只有8目而已。

白棋用了7个子得到了8目实地，实在是太小了。面向外面黑棋的势力有8目以上的价值，这就是弃子的效果。

图3（弃子方法松懈）

黑1立即切断，白棋的弃子方法松懈，白2、4吃掉黑⊗，这样一来。黑a，白b就交换不着了。

这就成了"先手便宜成为损棋"或"马后炮"所形容的那样了。

同时，a位没有了黑棋，留下了白6出头的余地。

现在，废品再利用公司在处理垃圾的时候，为了避免浪费，都会对垃圾资源进行分类，这样就可以有效利用了。

围棋也是一样，同样是弃掉（被吃掉），要尽可能做到最大限度地有效利用。

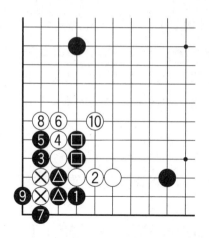

图 4

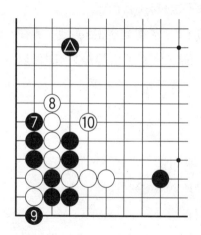

图 5

图4（因小失大）

眼前如果有陷入危机的棋子，无论如何都想把它们救出来，这是人之常情，然而，听凭感情的裹挟却得不偿失的情况时有发生。

因为黑▲深陷危机之中，黑1一旦试图救助，其结果大致会进行到白10，用枷吃的手筋制住黑■两子。

乍看上去，吃掉了白⊗后黑棋可以活棋，好像是有收获，其实黑棋实地不过6目而已。

制住黑■两子的白棋面向外侧得到厚势，所得利益大于黑棋。

图5（二线是失败线）

图4中的黑7如果爬一手，白8长（否则黑于8位征子）。

然后黑9扳，和图4相比黑棋的实地得到了增加似乎占到了便宜，而实际上并不是这样。

即便是黑棋的实地得到了增加，也不过是很少的目数，黑7爬在二线，而白8却走在了更高更能发挥棋子效力的三线。

具体来说，就是白棋不仅棋形加厚，单是逼近了黑▲使其弱化本身的价值，黑棋就已经损了。

活棋的时候，切忌贪婪，不要给周边的同伴（黑▲）添麻烦，自己默不作声地活棋就好了。

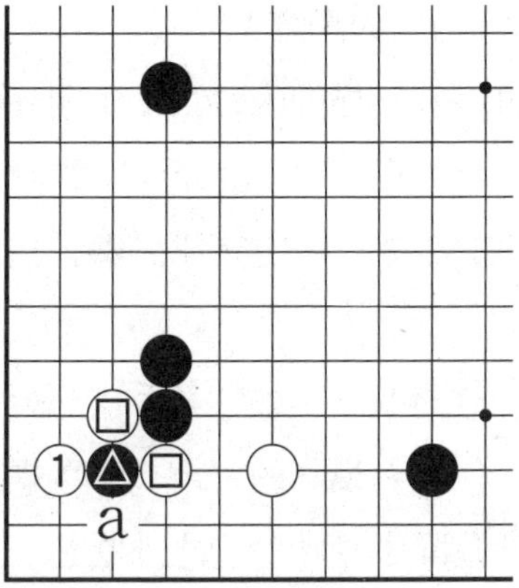

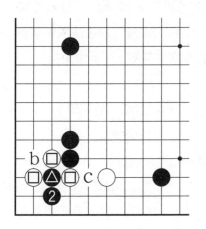

图 6

图 7

图6（"走成二子再舍弃"的真意）

格言说，**"走成二子再舍弃"**，很多人对此都有误解，我们在这里详细解说一下。

这句格言的真意其实是和棋子的数量没有关系的，这里所说的是，**"既然同样是弃子（被吃掉），那就延气让对方不那么轻轻松松地就能吃到，而是必须要花费一定的手数，在此期间己方则在好点上（或先手便宜）增加棋子。"**

问题图中的白棋第11手，白1打吃的状态，棋筋黑▲只剩下一口气，如果黑棋在a位之外的地方行棋，白a拔花吃掉，白1和白◻一下子就变强了。

图7（延气好处多）

这里，黑2的长是重要的一手，据此黑▲和黑2连在了一起，延出了三口气。

同时，弱化了白◻，接下来有b位或c位的狙击。

和图6的时点相比，需要注意的**重要变化就是，**"只剩下一口气的黑▲因为有了黑2，由增加了两口气变成三口气"和"周围的白棋被弱化"。

从白棋的立场来看，图6的时点，白a一手就可以吃掉黑▲，而到了图7，吃掉黑二子最少需要三手，一旦不得不**花费手数，效率就会变差**。

如果棋子增加了数量却只能长出一气（以下）的话，那也就没有什么意义了。

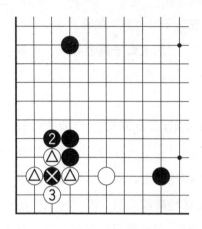

图 8

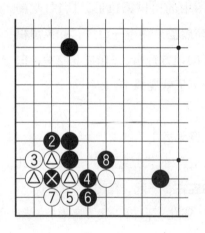

图 9

图8（"拔花30目"的真意）

不知道有没有这样的人，当上手刚一打吃的时候，就觉得"完了完了""没救了"，于是就黑2拐，直接弃掉黑✗，这真是太可惜了。

为什么会这样说呢？白3一手棋，合计白△四子，伴随着悦耳的一声"砰"提掉了黑✗，这是除了盘端底边之外吃掉一个子所花费的最小的手数，是不费周章、效率极高的吃棋方式。

"拔花30目"这句话，"场所（厚势、实地）"和"方向"的价值固然要重视，吃棋的效率（手数）也非常重要。

图9（"拔花"和"拔花"的不同）

白棋如图，黑2打吃时，白3（恶手）应，因为黑✗还留在盘面上，黑4还可以打吃。

对此，白5（也是恶手）长，黑✗依然还留在盘面上，黑6时，白7不得不应。

这是什么情况？

为了吃一个黑✗，白棋△三子加上3、5、7，合计花费了6个子。

这不是"怦"的心情愉快的吃子方式，而是混沌的浊音"嘣"的效率非常低下的吃棋方式，白棋的棋形也极其不好。

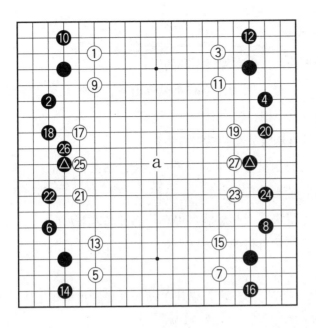

图10

一味防守赢不了棋

零零碎碎地说了很多，下面想讲讲**棋盘全体的使用方法和思考方法**。

第25页中，我说过这样的话：**"6子局的时候，尽早把左右的三连星的模样变成实地，是缺乏大局观的狭隘的想法"**，这里说的就是像下面这样的进行。

对于白棋的小飞挂，黑棋全部小飞应，这样的进行应该是指望和黑△之间的边和角都能够全部成为实地。

黑棋在巩固左右三连星的空隙期间，白棋在没有棋子的广阔空间（上边、下边、中央）悠然从容地培育出一个大模样。

万一就这样黑棋和白棋都成为实地，黑棋从上到下**一气贯通（麻将术语，从头到尾19路都成为实地是经常使用的）**，左右的实地都在4路多一点，约100目。

白棋中央大模样的幅度约有7路，竟然约有140目。

这就和a位天元有子时的让子棋的7子局一样，宽广的空间的重要性由此可见一斑。

专栏　**围棋和节奏、棋音**

世上有意气相投的人，也有脾气不和的人。

围棋的世界也是一样，因为性格和棋风等因素，有些人是相互尊重的好敌手，有些人则是水火不相容的死对头。

究其原因，我觉得是跟节奏和棋音有关系。

既然围棋是面对面在棋盘上轮番下子的游戏，那么，举止、气场以及落子的节奏和棋音就是重要的因素。

急性子的人下棋很快，当和悠然自得总是长考的人对局时，急性子的一方就会烦躁不安，而悠然自得的一方就会想，"有什么可忙的……""催什么催，烦死了"。

棋音也很重要，"啪"的一声，铆住了劲、气势十足地拍上去，心情可能很好，但对面的一方也许会被吓了一大跳。

我有过这样的经历，一次在和一位小女孩下棋时，"啪！啪！啪！啪……"我落子的棋音带着轻快流畅的节奏，突然小女孩对我说了一句："跟音乐一样啊。"

当时，我愣了一下之后才反应过来，"原来落子时的节奏感就像在弹奏好听的音乐呀"。

因为人有包含五感在内的感觉，所以就会感受到自己活着，而与他人产生出共感，就会有"幸福"的感觉。

棋盘上的战斗和细小的事情我们暂且不提，在心情舒畅的气氛下对局，自己就会非常快乐。

从那以后，我在下指导棋时，就一直注意落子的时候尽力与对方的节奏步调一致。

有一次，与一位来日本学棋的不会说日语的外国棋手对局，数日后翻译告诉我，那位外国朋友说："不知道为什么，跟水间先生下棋时感到非常快乐。"这应该是我人生中最开心的事情。

希望大家也能够在优美的棋音节奏中感受到围棋的快乐。

第 2 章

浅消、打入、破空的对策

围棋的让子棋理所当然都是从黑棋棋子多的状态下开始的，不过，随着棋局的进展白棋逐渐发力，局面就会变得混沌不清了。

当然这里面有水平的差距，不过，还有很多原因。

一个就是下手（黑棋）一方的精神层面：

- **总认为上手太强无法取胜。**
- **总认为白棋太厚无法攻击。**
- **总认为黑棋太弱必须防守。**

正是在这种心理的作用下，导致无法对盘上棋子的力量关系做出恰如其分的判断。

我在下指导棋的时候，常常有人对我这样说，"老师可是白棋呀，攻不了呀""不知道老师会下出什么着，还是防守一下吧""如果是平常的棋友，我就不这么下了……"

根据对战的对手不同而改变下法，这是不对的，**围棋和对战对手无关，而是使用盘上的棋子去进行战斗。**

不仅仅限于让子棋中那些事先摆在棋盘上被让的棋子，如何让下在棋盘上的棋子发挥作用的方法，我们在第19页"让天元发挥作用的方法"里讲述过：

- **对发展模样起到作用（大局观）。**
- **在战斗中起到作用（攻防）。**

这两点汇集起来，"模样"就可以用"阵营""根据地""实地"来替换。

而模样的发展是黑白双方下出来的，所以就具有两面性：

- **发展己方的模样。**
- **阻止对方发展模样。**

相互发展模样的过程中，不利的一方就会挑起战斗，阻止对方继续发展模样。

阻止对方发展模样的手段就是**浅消、打入和破空。**

让子棋的模式大多数是白棋侵入突击到棋子多的黑棋模样中，当黑棋软弱应对出现问题时，就会出现前面我说过的那种情况，局面就会变得混沌不清了。

那么我们又该如何去应对才好呢？简而言之有以下三种：

- 攻击。

- 防守。

- 无视（脱先转向其他好点）。

一提到"攻击"，很多人就会想到"吃棋"，其实吃棋并不多见，想办法在攻击的过程中有所"得"，攻击就取得了成效。

"防守"就是在己方是弱棋的场合下使用的手法，再就是可以得到很大的实地时防守也是有效的手段。

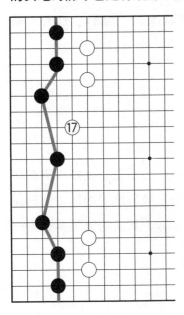

图 1

同时，"攻击"和"防守"并不总是单方面的，不是一味地攻击，或一味地防守，而是攻中有守、守中有攻，如果能够做到"攻守兼备""攻击是最大的防守"，一石二鸟，那就是最高的应对了。

还有就是，**当判断出即便攻击也得不到什么利益而防守也没有必要的时候，就可以无视对方的这手棋，脱先转向其他好点。**

下面对浅消、打入和破空进行具体的说明。

图1为第31页第17手的局面，白17这手棋，针对黑棋的阵营，就是**使用浅消的手段，在对方阵营或模样的联络线的外侧下子，限制对方得到巨大的实地。**

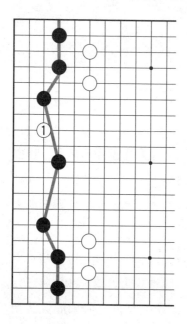

图2

"打入"就是像图2中白1那样，"咣当"一下直接侵入突击到对方的阵营或模样中。

这是不让对方的阵营或模样成为实地的下法，如果得到机会，还可以施展潜在的各种狙击手段，比如夺取对方的根据地或分断对方进行攻击（反击）。

"破空"就是将对方的阵营、模样、实地等连根拔起一扫而光，打入的结果有时候是和破空联系在一起的（打入→破空）。

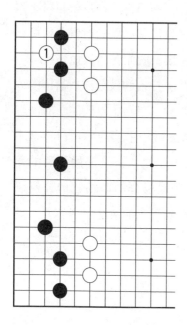

图3

图3中白1这样的手段，就好比盗窃车内物品一样，毫无顾忌地闯进基本上已经是对方实地的地方，其目的就是要夺走一切，彻底破空。

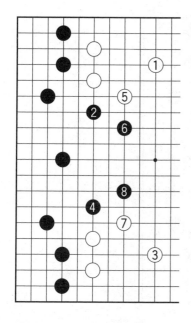

图4

浅消、打入和破空有一个共同之处，那就是，如果已方置之不理的话，对方就有从大模样转化为实地的可能性，所以就要对对方的空间进行限制（或者消除）。

白棋如果不采用图1～图3的下法，而如图4这样，则黑2、4、6扩展模样。

这样一来，黑棋模样最大限度（100%）转化为实地的可能性就极高了。

对于浅消来说，不让对方的模样最大限度地成为实地就是成功，这种相对节制自控的思考方法在围棋界里有一个说法，就是"讨价还价"。

这跟买东西时候的"讨价还价"一样，向对方付钱（给你一些实地）是没有办法的事情，不过，哪怕只是降一点价也就心满意足了。

这种思考方法也叫**"行情"**，就是从相互棋子的强弱和阵营的规模来判断当前的情况，一旦习惯就会看出眉目来，知道讨价还价的分寸了。

讨价还价时，买家是砍价的一方（浅消的一方），卖家则是不愿意降价的一方（被浅消的一方），当双方能够达成一致，随行就市，那就按照"行情"办理，如果**有一方不接受的话，双方谈不拢，那就开始反击进行战斗，或者无视对方脱先它投。**

打入是比浅消更进一步的踏入手段，破空则是对方已经圈绳定界之后硬闯进去，企图白白拿走的无所顾忌的下法，因为危险，还是应该培养出"行情"的感觉。

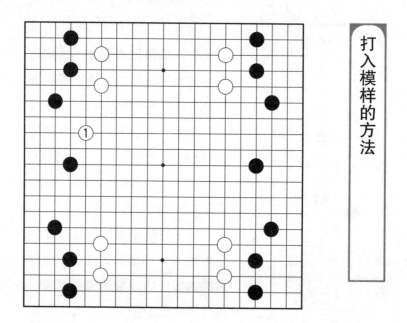

打入模样的方法

图 5

在打入对方模样的时候，心态上要有所准备，所以**"入界宜缓"**这句话应该铭记在心。

这句话出自前面讲到的《围棋十诀》中，意思就是，**"进入（进入之后）对方势力范围的时候，要像白1那样不要勉强方为上策。"**

说出来其实很简单，**"准备进入对方的模样时，因为对方的子力多，所以不可勉强行事。"**

但是，因为恨空或嫉妒导致无法达到上述境界，结果是勉强行棋，最后以失败而告终。

佛教里有一句话就是这样戒示我们的："贪瞋痴。"

"贪"就是**"贪婪"**，《围棋十诀》里也有**"不得贪胜"**这句话。**"瞋"**就是生气发怒，**"痴"**就是无知。

从判断双方的强弱开始，我们要学会如何把握"行情"。

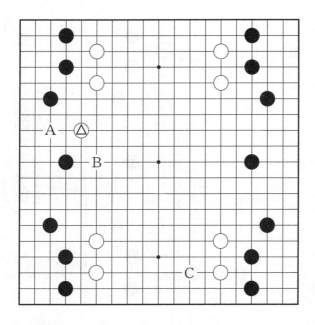

问题图

现在我们将第38页中的图5作为问题图提出来，顺便也可以复习一下。

黑棋对于白△的浅消应该如何应对呢？

这里的要点是：

• 对方所下的棋子和己方棋子的距离。

• 相互棋子的强弱。

• 这个空间（阵营、模样）的价值。

再说多了就成为暗示，等于给出答案了……

我们换一个角度来看一下，大抵上，人是感情的动物。

有人可能就会想，"对方走在这儿了""总觉得不踏实"，怎么也得应一手吧，于是就在这种感情（心情、情绪）的支配下选择了着手。

在这方面，AI从来都是冷静的，不会被对战对手、对手的着手和过去的心理阴影（失败的经历）等因素所束缚，**每手棋的选择都能够以"盘上价值最高的地方是哪里为基准，以大局观为准则。**

让我们也努力做到冷静地面对棋盘吧。

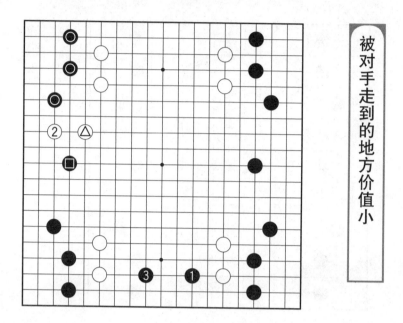

图 1

被对手走到的地方价值小

　　围棋是 **"轮到自己下的时候可以自由地下到任何一个地方"** 的游戏。白棋的白△下到了这里，黑棋没有必须下在它周边的义务和情理。

　　黑1暂且作为正解的候补，因为距离白△最远，如果是打入下边或上边的白棋阵营，黑1下在上边同样的位置也是正解。

　　白2跳下，白棋进一步侵入，左边的价值越来越小，黑3二间拆。

　　左边可以脱先的判断基础是：

- 白△和黑▣有距离，即便白2分隔黑棋，黑▣也是不用担心的棋子。
- 即便白2分隔黑棋，角上的黑◎有根据地棋形，坚实，不用担心。
- 左边有了白△价值变小、空间狭小，下边（或者上边）的价值变大。
- 左上的白棋子数增加，成为强棋。

　　第31页的图10和第42页的图5，都是过分在意强棋黑▣◎和狭小的空间，请和本图比较一下，一定仔细体会一下它们之间的差别。

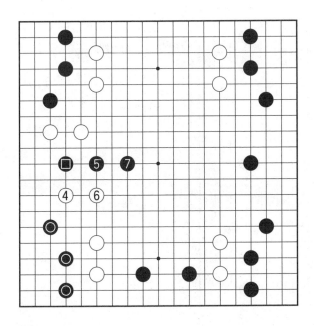

图 2

图2（被打入后也不为难）

图1的继续，白4打入，试图孤立黑■后进行攻击，黑5到黑7面向广阔的中央出头，白棋的追击难以为继，黑棋已经不用担心。黑◎三子也是安定的棋形。

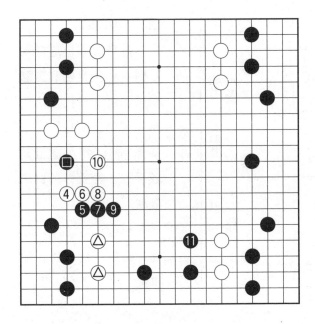

图 3

图3（弃子也是一局）

图2中黑5也可如本图，黑5分断白△两子也是有力的下法。进行到白10，黑■一子虽然像风中的蜡烛一样随时会灭，但是，进行到黑11，控制住下边一带，黑棋更胜一筹。

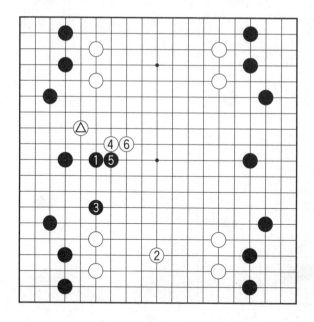

图4

图4（随手棋之一）

对方下出一手棋后不假思索地就去应一手就叫作"随手棋"。一看到白△，条件反射一样黑1就跟着应，结果白棋2→4→6，发展了下面的白棋模样。

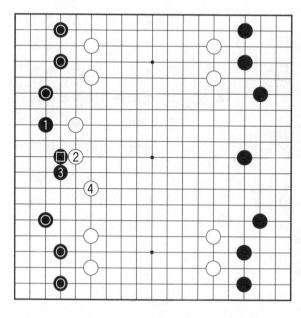

图5

图5（随手棋之二）

很多人都是这样的心情，"让黑■和黑◉取得联络""把左边的模样转化为实地"，于是黑1应，其实这也是随手棋，导致棋形成为凝形。

和第37页的图4相比，白棋砍价成功，黑棋被狠狠地宰了一刀。

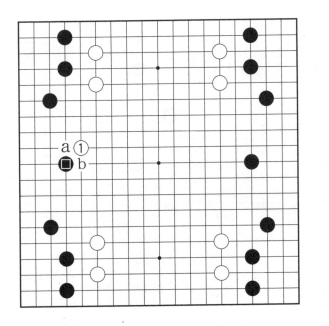

图 6

问题图中的白△如本图中白1这手棋，因为是在黑■的斜上方逼迫过来，黑■就像人的肩膀位置，所以叫**"肩冲"**（日语用的汉字是"肩付"）。

白棋逼近黑■，如果这时黑棋脱先，"白a或白b连着再下一手，对黑■的攻击将非常严厉"，白棋对黑棋进行威胁。

所以黑棋在这里很难脱先，黑a或黑b需要应一手。

浅消作为限制对方的阵营或模样越来越大的一种手法，当具备了下面几项优点和效果时，就可以应用**"浅消模样宜肩冲"**的手段：

- **对方难以脱先。**

- **对方的应对（选择）容易预判。**

- **对方所得实地并不大。**

过去，"对方应了一手之后即便得到了实地但并不大的时候，对三线棋子的肩冲是常用手法"，现在，由于AI的影响，对四线棋子的肩冲也越来越多。

这是时代改变、常识也改变的典型事例。

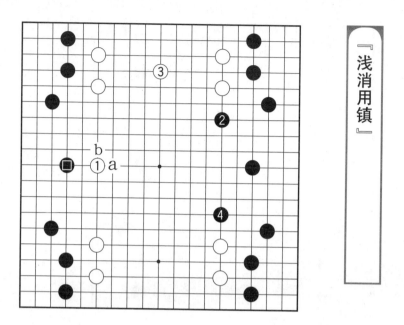

图 7

在浅消对方的阵营和模样时，除了肩冲之外，还有一个有力的手段，那就是"镇"。

"镇"在日语里的汉字是"帽子"，扣戴在对方棋子的上面，起到阻止出头和发展的作用，这就叫"浅消用镇"。

同时，因为己方的棋子走在上面（中央、空间宽广的方向），对于发展新的势力和构成模样也会起到作用。

作为被镇的一方，和图6的肩冲不同，因为黑■和白1有距离，黑棋的应对就可以比较自由。

在不担心黑■被攻击和应一手得到的实地也不大的场合，就不用拘泥于已经贬值的场所，转向有发展空间的黑2、4岂不更好。

说几句闲话，过去在形容一些比较巧妙的手法时，会用各种帽子来比喻，比如，白1对黑■来说是"帽子"，白棋高一路白a的话，就叫"圆顶硬呢帽"或"圆筒大礼帽"，白棋在b位的飞镇就叫"贝雷帽"。

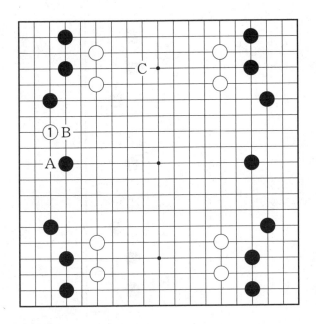

问题图

白1打入黑棋阵营，站在下手的立场，我们应该思考一下，上手的打入是令人讨厌的一手吗？

我们是不是可以这样想，上手的白棋，因为**"黑棋的阵营漂亮得令人垂涎，按捺不住嫉妒，于是只能打入""只是浅消黑棋模样稍微压压价肯定不够，于是只能打入"。**

一旦打入，因为是对方棋子多的地方，危险也就随身相伴。

可能的话，不采用打入的手法而是相互围空或浅消，这样更加安全。

上手之所以还是不顾一切地要打入，那就是因为现在的局面是**黑棋的阵营或模样过于出色漂亮，白棋已经处于被迫不得不打入的状态，**下手应该对到目前为止的局面持有信心。

无论是棋还是人生，最难受的就是被人无视，谁也不拿你当对手。

对于不得不打入的白1，黑棋有A、B、C三种应法，应该选择哪种呢？

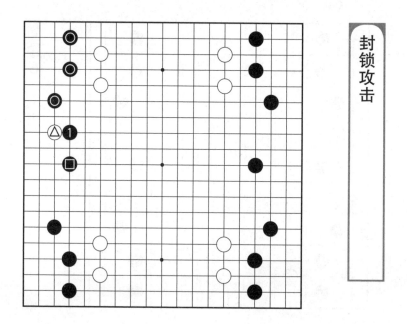

封锁攻击

图1

当对手打入时，最大的要点是需要判断彼此的强弱：

- 己方被打入的棋子是否是强棋？
- 对方打入的棋子是否是强棋？
- 双方的强弱是否差不多？

大致的强弱判断标准是：

- 子数（原则上棋子多的一方是强棋）。
- 根据地的有无和可能性（实地、眼形）。
- 出头的余地（出路越多越轻松、安心）。

首先看黑⊙三子，不仅子数多，还在角上有坚实的根据地，是强棋。

再看黑▣，虽然只是一个子，但是由于周围没有白棋，出路很多，几乎不用担心被攻击，可以说是轻松的棋子（不弱的棋子）。

与此相比，白△只有一个子，因为周围有不少黑棋，不仅很难获取根据地，出路也不多，可以说是弱棋。

攻击的第一候补是黑1，阻挡在白棋通往广阔外面的出路上，将其封锁。

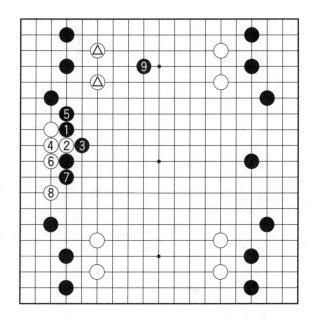

图2

图2（活用厚壁转战他处）

白2是针对黑棋棋形"找碴儿"的腾挪手筋，黑3到7为止，黑棋构筑成厚壁。

左边到白8为止，白棋得到了根据地，棋形坚实，战斗告一段落。接下来黑9转战攻击白△。

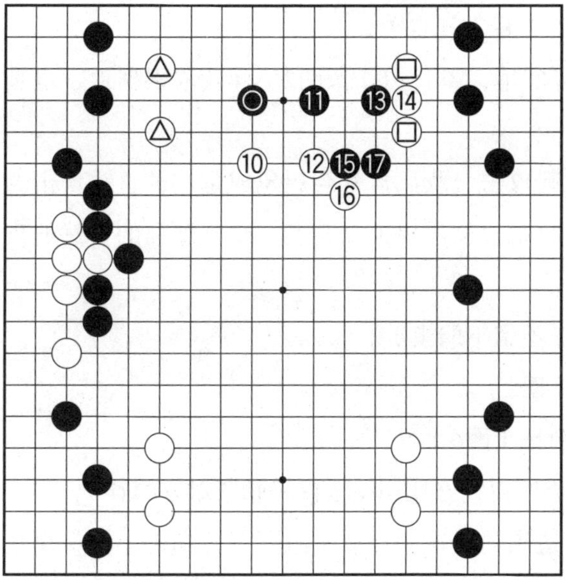

图3

图3（破网而出）

图2中的黑9（本图中的黑◉）打入白△和白▢之间，由于白棋之间的距离很远，所以黑◉是很从容的强子。白10以下试图包围黑棋并进行联络，黑15好手，破网而出。

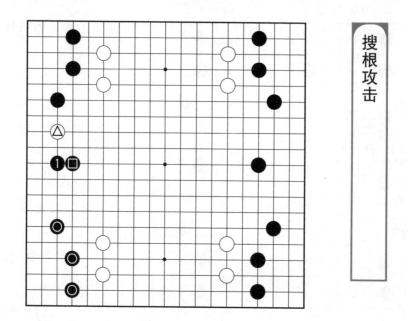

图 4

黑1并，和黑■牢固地焊在一起，没有缝隙，防止了白棋在左边的侵入——这手棋也称为"玉柱"（铁柱、扎钉）。

黑1和黑◉之间在左边构成实地，不让白△像图2那样获取根据地，也是攻击的方法之一。

一旦开始向对方的弱棋发起攻击，我们常常会想象成是这种直线攻击的手段：贴着对方的棋子紧气、打吃，然后提掉。其实，毫不勉强的自然的攻击是：

- 己方的棋子不生出弱棋（不留下弱棋）。
- 阻碍对方出头构筑厚势（图2）。
- 减少对方得到根据地的余地（图4）。

就这样一点一点不断地积累所得，好比用绳子慢慢勒紧对方的脖子……

特别是己方不要产生、制造出弱棋这一点非常重要，《围棋十诀》里也有一句话是"攻彼顾我"，对于"不慌不忙""不急于建功""行棋坚实的重要性"，我是深有体会的。

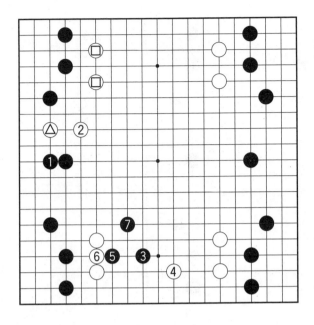

图 5

图5（止损值千金）

对黑1，白2出头，和白◻取得了大致的联络，这个场合下，可以判断出进一步追究白棋也没有什么益处，那就及时回头，止损值千金，黑3转战到下面攻击这里的还是弱棋的白棋。

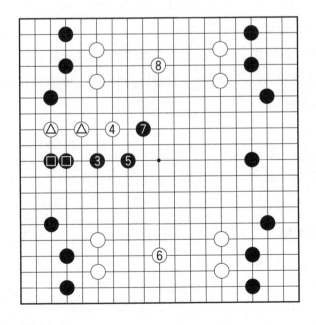

图 6

图6（无效的攻击）

图5中的黑3，如果不由自主地乘势黑3→5→7追击白△，从强棋铁柱的黑■处增加子力，几无所得。白6、8构成好形。

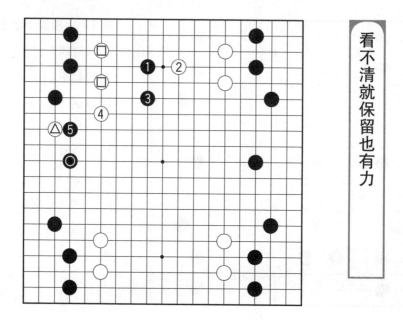

图 7

看不清就保留也有力

　　尽管打入的白△明显是弱棋，但是，到底是封锁攻击（图1）好呢，还是搜根攻击（图4）好呢？这种无从判断的情况也是会发生的。

　　在这种场合下，选择**暂时保留这个场所，转向其他好点**图谋利益是良策，根据其他场所的进行再决定这个场所的下法（攻击方法）。

　　在什么时候选择保留才好呢？

- 自己没有弱棋和弱点时。

- 攻击对方看不到收效时。

- 对手走到这个场所也不难受时。

- 有其他好点时。

　　用图7来说明的话，因为黑◉不是弱棋，黑1就先行占据好点，广阔的空间里大有作为。白2夺取黑棋的根据地攻击过来时，黑3出头加强黑1。

　　白4出头时，黑5封锁住白△，分断白棋联络，是攻击的步调。

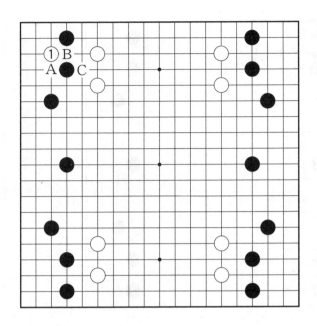

问题图

白1的刺是典型的**期待下手出错的无理的破空手法**。

这种如果对方能够正确应对，己方反而为难的着法就是**"骗着"**或**"无理手"**，尽管这样下不会有收益，不过什么样的上手都有，有人或许会这样想，"没有什么不行的道理"。

面对这种场合，**下手的一方坚实有力地击破骗着和无理手，也能够让上手领悟到自己的无理之处，从而成长**。

如果骗着顺利得手，无理一旦得逞，道理将不存，这无论对谁都不是好事情。

另外，在和下手下让子棋时，有不少人喜欢使用到处骚扰、让下手心烦意乱的粗暴的无理手，对于这种下法实在是不敢恭维，学会掌握**怎样能够不下无理手而是自然地逐渐减去让子棋的威力和价值的方法**，才是提高水平的最佳途径。过去的不少著名棋手都留下了很多让子棋的棋谱，从中我们可以感受到他们面对让子棋时一丝不苟的严谨精神。

好，现在我们看看，A～C，黑棋选择哪个呢？

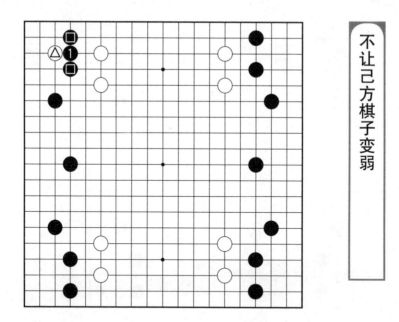

不让己方棋子变弱

图 1

在日本鼎盛时期的江户时代，围棋和俳句、川柳的文化相互影响，产生出了很多关于围棋的格言。

其中有一句**"逢刺不接是傻瓜"**特别有名，流传至今（这句格言是否出自江户时代还需考证）。

所谓的刺，就是像白△这样，探出头伸长脖子窥视，对尚未联络在一起的黑■之间的缝隙说道："要断你啦！"如果黑棋置之不理的话就会很危险。

此刻黑1粘接，使得黑■一体化，成为气长的强棋。

再就是因为**有了黑1，不仅将白△封闭在角上，还紧了一口气使其弱化了。**

直率地粘接时的条件是以下的场合：

• **粘接后变强（联络、气数、好形）。**

• **粘接后对方棋子变弱。**

• **不粘接自身变弱（被切断等）。**

简而言之，就是要注意别让己方的棋子变弱。

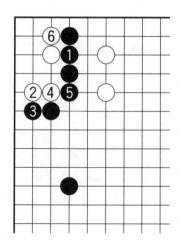

图2

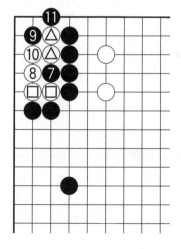

图3

图2（封闭）

白棋无法从黑1的一侧出去，于是白2转向黑棋还不多的地方，黑3坚实有力地挡下，阻止对方的棋子向宽广的地方出头。

白4试图在剩下的缝隙处出头，当然被黑5阻止。

重要的就是，坚实有力地挡住对方的棋子，把它们封闭在里面和"己方的棋子联络在一起得以加强"。

与其急忙慌张地去吃棋，不如将对方的棋子封闭在里面使其弱化，己方的棋子一旦得到强化，对方的棋子自然就会变弱。

没有出路的白棋试图在6位活棋……

图3（压缩家的空间）

黑7冲下，瞄准对方的墙壁完成之前的缝隙，让对方家里变得狭小。

黑9是手筋，狙击白棋的弱点（10位的断点），白10粘住防守，黑11可以和右侧的黑棋联络。

有了白8、10，虽然白□和白△取得了联络，但是无法确保家里的空间和眼形，被杀成为死棋（关于死活的问题在第161页以后详述）。

另外，已经联络在一起的白六子只有三口气，即便和周围的黑棋对杀，也没有胜机（关于对杀的问题在第129页以后详述）。

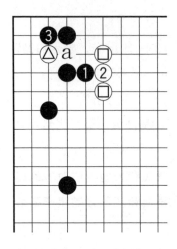

图4

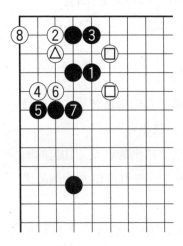

图5

图4（帮倒忙）

黑1并，间接补上a位的弱点，同时又是对白⬜的刺，是想更大限度地发挥棋子效力的一手。

但是，"逢刺不接是傻瓜"，白2粘住防守，成为黑1在内（没有发展性的方向）白2在外（有发展性的方向）的"内和外"的损棋交换，本来是薄棋的一间跳的白⬜，现在成为挺拔的好形，黑棋是"帮倒忙"。

黑3这手棋，暂时来说吃住了白△，不过，a位依旧留有漏洞，黑棋的棋形还有缝隙（弱点），和图1中的白△相比，图4中的白△还残存着活力。

图5（格言也是因时而异）

对于黑1，白棋重视白△一子，看轻白⬜两子，**也有"逢刺不接"的可能性。**

世间的格言数不胜数，但这并不是说要让我们凡是格言必须遵守，说到底，应该是**"这样下的话更便宜""要是按照格言行棋的话就不会这么惨了"。**

千古无同局，围棋的每一盘都会出现不同的局面，头脑灵活的**"随机应变"**和**"柔软性"**灵活机变的应对非常重要。

白2～6，角上的家里得到扩展确保了根据地，白8占据急所成为活形。

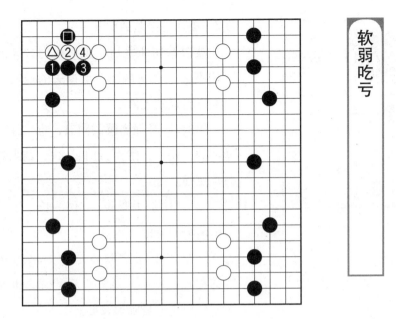

图 6

当自己觉得这块实地已经是自己的时候，对方打入后被洗劫一空，这时的心态有两种状态：

- **怒火中烧，头脑发昏。**
- **过分害怕，软弱不堪。**

这样，就无法对**相互棋子的强弱和形势做出冷静且客观的判断**了。

不仅限于围棋，心理学在研究胜负世界的方面日趋进展，扑克牌也和前面说的两种情况一样，一旦陷入这种精神状态中，**玩者就坠入不能进行合理判断的状况，行为都被感情所支配。**

暗中揣摩趴在桌面上的扑克牌（非公开情报），毫无疑问，心理战当然是异常激烈的，不过全部情报都是公开的，围棋也不列外，根据精神状态的不同着手也会发生变化，能够理解这一点是非常重要的。

对于白△不应该担惊受怕，黑1、3的顾忌是软弱的表现，白2~4分断黑■，黑地变成白地，结果是大损。

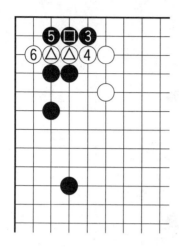

图 7

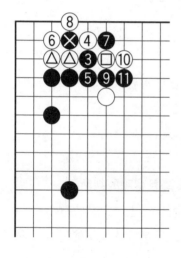

图 8

图7（裂形是最差的结果）

被白△切断之后，怎么也想救助黑■，**哪怕不多，也想捞回一点损失的想法，就会引发出更差的结果。**

黑3长，补强黑■的同时，也是针对白棋缝隙的"刺"，然而，白4粘住，**结果却是让白棋变强。**

黑5试图扩大眼位，白6一长，黑棋没有做出两眼的余地。

这里需要注意的就是，如果忽略了对方的存在，一心一意只想着"怎么也要救出来"，结果就是成为**裂形**。

图8（死中求活）

角上被白棋潜入，从黑棋的立场来说，重要的是要有看看能不能**在别的地方有所得**的心情。

这里，就不要再去救助已经深陷苦境的黑✕，而是要**寻找到敌方的弱点（弱棋）**，死中求活。

黑3挖，分断白△和白囗联络，是严厉的一手。

白4断，白6打吃，黑✕虽然牺牲，接下来黑7断，弱化白囗之后，黑9冲出，将中央的白棋分割下来，构筑成厚势。这样，可以说是将角上的损失缩小到了最低限度。

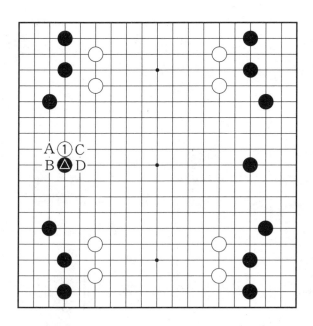

问题图

浅消或打入原则上都是不和对方的棋子进行接触，可以说是直接打入对方阵营中的手段。

像白1这样"碰"（靠）的打入黑棋阵营的手段，可以说是为了破空而寻求腾挪的步调。

什么是"寻求步调"呢？那就是白1贴到黑▲身上，黑棋很难脱先，根据黑棋的应对，白棋再考虑后面的作战方针。

棋子之间一旦接触到一起，随着相互气数的变少，棋子也变弱，发生战斗也就不可避免，像黑▲和白1那样彼此棋子都不多的时候，随着变强还是变弱的攻防，每一手都可能导致彼此强弱的关系发生变化。

关于接触战强弱和攻防的要点是：

• 棋子的联系（联络、断点）。

• 气（越多越强）。

• 方向（发展性、根据地）。

回头看看问题8，当白1靠时，A～D有四种应法，黑棋选择哪一种呢？

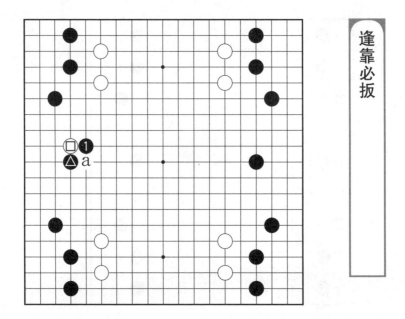

逢靠必扳

图1

我在这里先声明一下，问题图里的A～D，哪个都是好手。

因为每个人的棋风、对棋子强弱的判断、状况判断和今后的展望（作战）都不一样，所以就无法界定哪个是正确的答案。

尽管A～D都是有力的手段，从目前的局面出发，要让我从其中选择的话，我还是希望下出黑1的扳，"逢靠必扳"的格言不应该被忘记。

遇到黑△被白□碰上来的状态（特别是一对一的场面），要有"扳了再说"的意识。

黑1上扳，在减少白□气数的同时向中央发展，是有抱负的一手。

扳住之后，黑棋两子对白棋一子，成为黑棋有利的状况，是令人高兴的事情。

a位留有断点或许令人担心，**只要能够让对方的棋子变弱，己方的弱点就不是什么问题了**，让我们怀着向前看的心情去思考。

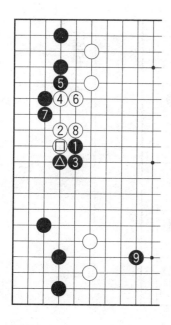

图2

图2（双方自补）

白2是补强弱子白□的妥当的一手。

这里，重要的一点就是，最初黑棋因为自己的一方是强棋，所以可以态度强硬地扳过去，但是不是到什么时候都是自己一方强。

攻防，就如字面那样，进行攻击、进行防守，白2一旦强化了白□，黑棋变弱，现在就轮到黑棋加强自身了，于是黑3粘住，将黑▲和黑1联络在一起。

白4靠，黑5顶住，弱化白4一子，对于白6，黑7长是好形，角上的实地也得到增加。

前来破空的白棋虽然逃走了，但是，白棋的实地没有任何增加，各个地方的黑棋棋形厚实坚强，黑9捷足先登，黑▲、1、3也将在攻击下边的白两子的过程中发挥作用，黑棋好步调。

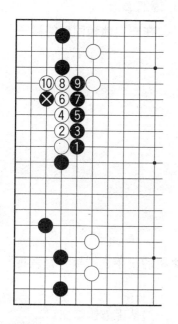

图3

图3（用力过猛）

往往会有这样的情况，就是我们在第55页中所介绍的那样，**对打入自己实地的对方棋子怒火中烧、头脑发昏。**

黑棋觉得己方的棋子多，"不吃掉它不甘心"，于是，对于白2，黑3一气压了过去。

然而，**进行到白10，结果是黑✕被吞噬**，角上的实地也大减，用力过猛招致大损。

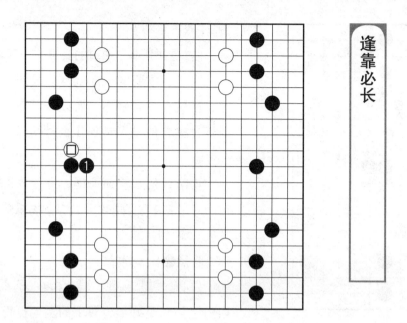

逢靠必长

图 4

还有一个与"逢靠必扳"相似的格言，那就是"**逢靠必长**"。

"**长**"就是伸出去，向着有发展性的高处广处、在坚实地和同伴的棋子联络起来的同时迈向前方的一手。

其优点是：

· 前进方向好。

· 棋子联络得到安全（没有毛病）。

· 棋子完全联络容易延气。

其缺点是：

· 直线一步一步前进，动作迟缓。

· 与对方的棋子没有接触，施压很小。

综上所述，"**长**"是**形态厚实不给对方可乘之机的一手**，"**扳**"是**发挥机动性积极逼近对方的一手**。

黑1长的这手棋，一边稳健地把目光面向天空，一边从上方俯瞰白◻。

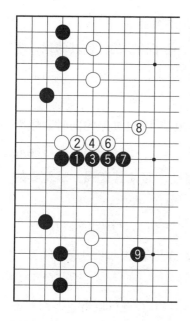

图 5

图5（后推车）

接上图，如果白2贴身接触压过来，黑3就开心地长在前面。

对于黑棋来说，让白棋出现这种"后推车"的姿态令人愉快，可以不费吹灰之力形状完整地率先挺进中央。

随后白4、6贴上来的时候，黑棋不要脱先，坚实地黑5、7长出。

白8不再跟贴小飞出头，由于对黑棋没有了影响力，也就没有必要再应一手，这时就是脱先转向黑9好点的机会。

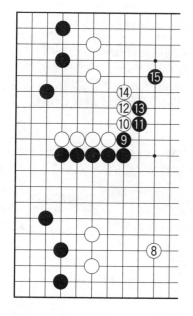

图 6

图6（棋拐一头，力大如牛）

图5中的白8，如果在下边先行的话，黑9是绝好点，棋拐一头，力大如牛，己方拐下来稳步向前的同时，还阻碍了对方的出路，更构筑了势力。

白棋被凹陷进去，黑棋好步调。

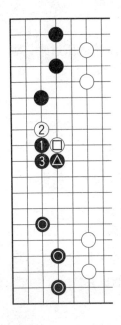

图 7

图7（下扳是攻击＋根据地的要点）

黑1下扳的这手棋，紧住了白□的气使其弱化，还在三线增加了子力注重落地生根，扩大己方根据地的同时削减了对方的根据地。

白2扳的这手棋，在阻挡住黑1进路的同时紧住黑棋的气，虽然是严厉的一手，不过，**黑3将有可能成为弱棋的黑1和黑▲联络在一起使其变强，是重要的本手。**

一旦形成这样的局面，黑棋不仅没有弱棋，还构筑起了坚如磐石的阵营，和黑◉之间也构成了坚实的根据地。

与其急忙慌张地对白□和白2进行攻击，不如先去**消除己方棋子的不安并取得根据地（实地），心急吃不了热豆腐，只要愿意等，机会总会来。**

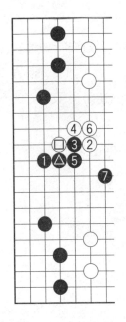

图 8

图8（下立是不给对方借用，以确保根据地）

黑1下立的这手棋，坚实地与黑▲联络的同时，确保根据地。

另外，图7中黑1的下扳，留有若干缝隙（毛病、弱点），凑上了白棋的步调，给了白2借用的机会，像图8这样下立的话，棋形没有任何缝隙，让白棋的下一手很头疼。

由于白□的周围都是黑棋，白2只能轻快地逃出，黑3挖，给白棋的棋形制造出断点等毛病，黑5粘住联络，黑7好形出头，步伐坚挺。

黑1的下立，也可以说是**脚踏实地冷静的一手。**

专栏　围棋和落语

"落语"是日本的传统艺能之一。

"落语"（类似中国的单口相声——译者注）是一种话艺，就是说话的艺术，出现在江户时代，就是讲有趣的故事，人情义理、奇闻怪事、妖魔鬼怪等，各种八卦，因为幽默有趣且人情味十足，深受人们的喜爱。由于故事里面有很多梗，常常会峰回路转、出其不意地甩出包袱，所以后来就加了一个"落"字，意思是落入圈套，最后演变成"落语"。

日本江户时代的围棋也非常盛行，所以也成为落语的素材，这里介绍两个有名的段子。

"棋偷"

有个地方隐居着一个大棋迷。

趁着家人和佣人外出之际，大棋迷就把也是爱棋的朋友叫来，两人对盘而坐厮杀起来。

忘记了时间，也忘记了自己，陶醉在棋盘上的两个人没有注意到一个小偷溜了进来。

小偷扛着满满的包袱准备溜之大吉的时候，突然听到"啪！""啪！"的声音。因为这个小偷也是个棋迷，所以听出这是围棋的落子声。小偷停下脚步，返回身去观看。当看到大棋迷的一手棋时，忍不住说道："这手棋真臭啊……"

埋头下棋的两个人根本没有注意到身边有人，大棋迷回了一句："好像是挺臭的……"朋友也跟了一句："这手棋让我太舒服了。"

然后两个人才反应过来，意识到屋子里还有一个人，"没见过你呀，棋挺厉害的呀，什么时候进来的，你是谁呀？"大棋迷问道。"嗯，我是小偷。"一边继续下棋，大棋迷和朋友异口同声地说道："小偷呀，欢迎欢迎。"

"笠棋"

一个地方有两个势均力敌的棋迷，因为时间的原因，一个说"等一下"，一个说"不等，现在就下"，结果两个人吵了起来，不欢而散，从此疏远了。

然而，内心深处还是思念着棋盘，手痒难耐，于是就在一个雨夜，戴着斗笠的棋迷来到棋友家门口，不好意思敲门，就在门口转来转去。

其实，棋友没棋下的日子也不好过，整天没精打采的。

终于，棋迷进到棋友家中开始下棋，却看到滴答滴答的水珠落在棋盘上，原来这位棋迷还一直戴着斗笠。

有句川柳的诗歌形容道："令人憎恨的棋敌，越恨还越想。"

第 3 章

中盘的攻防

围棋的过程大体分为**布局→中盘→官子**三个阶段，其中，最难写成书的就是中盘。

为什么要这样说呢？因为对于那些手数不多的布局和定式，可以将其分门别类归纳到"对象范围"和"变化""可能性"之中，由于容易限定，就可以进行定型化（语言化）、普遍化的说明，但随着手数的增多，到了一局一局完全不同的复杂局面的中盘，就无法定型化了。

也就是说，不管看了多少书，实战中可以应用的可能性都非常低。

围棋这个游戏本来就是没有正解的，在其中的棋子战斗的中盘去寻找正解那是极难的事情。

中盘是对局者将到现在为止培养出来的综合力量进行测试的"力学"的世界。

顺带说一下，仅仅是个人的私见，**布局是"美学"，官子是"数学"，围棋是"哲学"。**

中盘如何去下才好呢？这是让很多人头疼的事情，我想把**我个人的思考和启发介绍给大家。**

首先，对于中盘来说重要的两个要素是：

· 棋子的战斗（棋子的强弱）。

· 实地（损益、形势判断）。

无论怎么样都还是会出现弱棋的，进入中盘一旦开始出现生命悬于一线的战斗，就会忘记了还有"实地"这回事儿——千万不要忘记，一局棋最后的成败是取决于"实地"的。

心情愉快地攻击再攻击，最后一看实地不够了；总觉得"丢盔弃甲狼狈逃窜"的弱棋也是"生命"，于是不顾一切拼死救出，等到反应过来的时候才发现又输了，因为对方围出了大空……这样的情况难道还少吗？

这只能说是**将注意力全部投入棋子的战斗中去了，结果把围棋的关键要素"实地"给忘记了。**

忘我痴迷真是常有的事情啊。

　　从根本上来说，"中盘（棋子的战斗）"的定义就是出现弱棋后开始进行的攻防。

　　而"弱棋"的简单解释就是：

- 没有根的棋。

- 周围强敌林立。

- 不想被吃的棋（⟺ 想吃的棋）。

　　哪里都没有弱棋的状态只发生在布局和官子阶段，只要去考虑模样和实地的损益就可以了。

　　弱棋是一块还是两块，是一方还是双方，反正出现了弱棋，围绕它就产生了攻击或防守的中盘战，什么时候战斗得到了解决（要么是谁把谁吃掉，要么是平分秋色双方都成为强棋等），什么时候才告一段落。

　　在这块棋不想被吃，但又这么弱的紧要关头，一个思考方法就是，"这块棋恐怕要被吃掉，不过也不算大，吃就吃吧。"这样一来，也就没有救助的必要了。

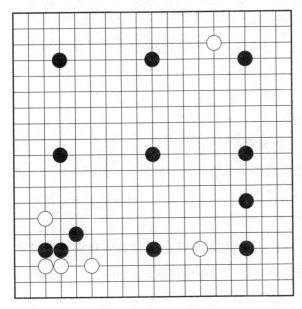

图1

　　图1是第20页的图1到第2手的局面，双方的弱棋是哪一块呢？

　　就像"旁观者清"这句话所说的那样，客观地看一下棋盘，在不被感情所支配的状况下是应该可以看出来的。

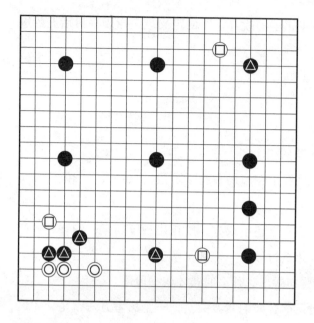

图2

黑棋的弱棋就是黑▲，周围有白棋不说，自己的根据地也不清晰。白棋的弱棋就是白□。

因为黑棋已经进不去左下角，所以白◎是有根据地的强棋。

虽然盘面上的棋子还不多，但是到处出现了弱棋，可以说是已经进入中盘战阶段了。

这里，对于"中盘"的重要的思考方法是：

· 发现弱棋。

· 计算弱棋的价值（大小、棋筋、残子）。

· 考虑希望战斗的棋子的强弱。

· 预判空间的价值（发展性的有无）。

首先，像图1、图2那样发现弱棋是非常重要的事情，不过，一看见弱棋就不管不顾地战斗起来，有可能是莫名其妙的没有什么意义的战斗，所以，**排列优先顺序**是很关键的事情。

为此，在进行必要的战斗前，就要**根据棋子的价值是大棋或者是棋筋**等因素来判断，这是"不能被吃掉的棋""那是争取吃掉的棋"，如果是小棋、残子、没有什么价值的棋，那就没有必要去为之战斗。

再就是，战斗的时候，**双方棋子的强弱决定了攻防方针。**

要对相互的弱棋进行比较：**己方的棋子是强棋的话，那就站在攻击的立场；己方的棋子是弱棋的话，那就站在防守的立场；如果是强弱都差不多的时候，那就势均力敌地拼个你死我活**。正确的判断不是一件容易的事情，不过思考总是需要的。

简而言之，攻防的精粹就是：

- **己方有所得。**
- **让对方有所损（减少所得的机会）。**

那么，到底什么是"得"呢？

- **增加了模样、势力、实地。**
- **增加了强棋有利于今后的攻防。**
- **增加了将来的期待。**

反过来，到底什么是"损"呢？

- **减少了模样、势力、实地。**
- **增加了弱棋不利于今后的攻防。**
- **减少了将来的期待。**

对于战斗，要根据己方能够得到多少（或者损失多少）、对方能够得到多少（或者损失多少）来综合评价，这样才能判定战斗是否成功。

图3中的黑1虽然是强化黑●并攻击白⬜的一手，然而，进行到白6，虽然吃掉了白⬜，但是，不仅空间狭小，黑▲也越来越弱了。

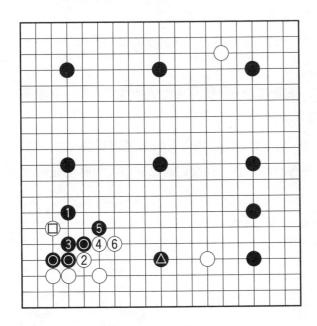

图3

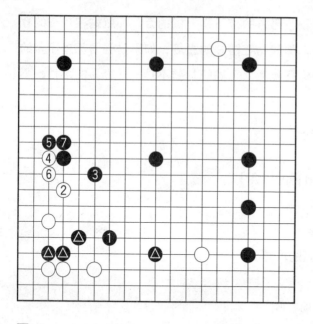

图 4

即便是心情愉快的攻击，如果结果是损了，那就是本末倒置。时刻要把"强弱"和"实地"挂在心头，**实地的原点是模样。**

图3中的黑1如第20页那样，黑1好点，在和弱子黑⚫️联络变强的同时，还扩展了黑棋模样，活用盘面上的空间，为将来的攻防增加了很多的期待。

白2出动，黑棋没有弱棋，心情愉快地黑3飞罩，对白棋进行攻击。

没有了出路的白棋，白4不得不在狭小的左边求活，所得到的实地很小，**是很难受的进行，这种让白棋苦活的手法就叫"欺负"。**

与此相比，伴随着黑3、5、7的增加，左上广阔的空间又孕育出了新的希望。

像这样防守己方的弱棋，攻击对方的弱棋，从攻防的结果来看，**只要是己方比对方所得更多，那就是不错的战斗。**

第67页介绍的"旁观者清"，就是在旁边观看的人可以冷静地进行判断，能够看出当局者看不到的着法和目数，让我们自己在中盘战时也能够像"旁观者清"一样冷静。

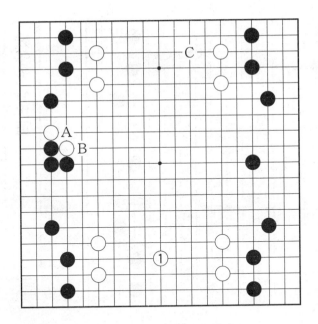

问题9 黑先

问题图

不只限于中盘，只要是盘上棋子和棋子之间的战斗，对我们人类社会来说，就是"打架"和"战争"。

打架既有小孩子打架、打口水仗、争风吃醋的吵架等，谁赢了也没有什么大不了的事情，还有上升到过激的相互殴打、决斗等，打架的范围很广。

而国家之间的打架就是战争了，有小规模的纷争，也有大国之间的大战争，科幻世界里面也许还有宇宙战争。

简而言之，无论什么样的战斗，从因为很小，胜也罢败也罢都不是什么大问题的战斗到因为太大，不能忍让的战斗，情况是多种多样的。

所以，我们对自己正在进行的战斗要时刻意识到，到底是怎样的一个规模呢？

不然的话，或许就会陷入无聊的打架之中而无法脱身，导致身败名裂。

第62页图7之后，白棋落子白1的局面。

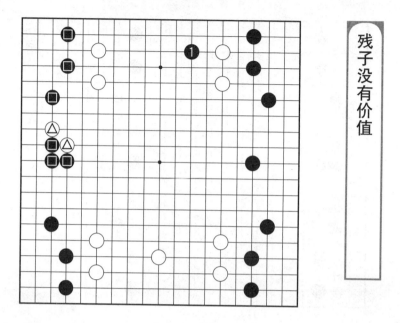

残子没有价值

图 1

就像在第68页中我们讲述过的那样，下在棋盘上的每个子都有各自的价值。

有像宝石一样的棋子，也有不值几分钱的棋子，各种各样，可以这样说，了解这些棋子的价值是提高水平的第一步。

问题图的要点是，弱棋白△到底有多大的价值？其实，白△两子是不值几分钱的残子。

区分残子的方法大致如下：

- **周围的敌人极其强大。**
- **对双方实地的增减影响都不大。**
- **不影响大局（形势）。**

白△周围的黑■，不仅子数多，还有根据地，是非常坚实强大的棋子，不管白△增加多少棋子，黑棋都可以泰然处之。

同时，即便救助白△，也增加不了白棋的实地，黑棋的实地也不会减少。

所以，在这个局面下，就没有必要拘泥于残子白△所在的狭小的左边，黑1可以面向宽广的地方先发制人。

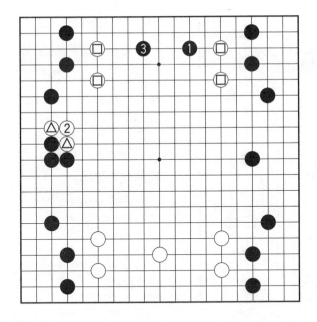

图 2

图2（连续走到好点）

当白2粘住使得白△得到加强后，可能有人会觉得，"糟了，错过攻击的机会了"，其实，我们应该这样想，**这是让白棋下在了很小的地方。** 黑1、3，得到了根据地，可以攻击白▣。

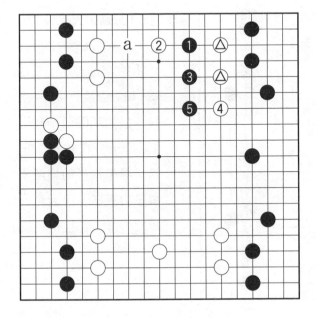

图 3

图3（竞相出头）

如果白2反夹，黑1也变成没有根据地的弱棋，**不用担心，黑3可以向广阔的外面出头。** 因为白△也是弱棋，白4、黑5一起竞相出头。今后a位黑棋的打入值得期待。

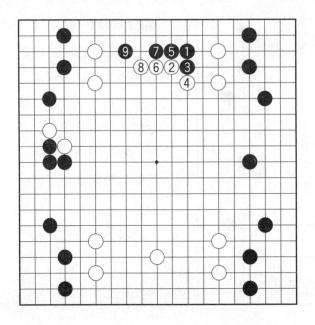

图 4

图4（有根则强）

对白2的罩，黑3慎重地补强。白4扳住，黑5向着有开口的方向前进。白6之后，黑7爬、黑9跳，**得到了根据地成为强棋。**

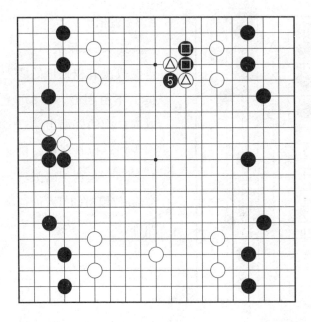

图 5

图5（分断扩大战线）

图4中黑5这手棋，如本图中的黑5分断白△，这是最严厉的挑战。虽然黑■两子和黑5也处于分离状态，但是，**棋子接触的场所黑棋子力更多，是大可一战的局面。**接下来⋯⋯

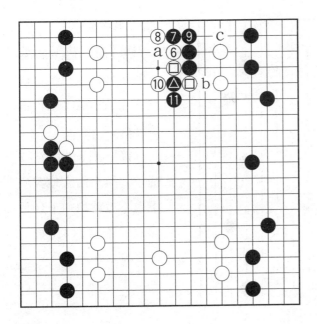

图 6

图6（棋筋重要）

对白6，黑7在攻击的同时补强自身。

白10打吃的时候，分断白□和黑▲是棋筋，极其重要，黑11长，瞄着a位、b位的狙击，以及c位的联络。

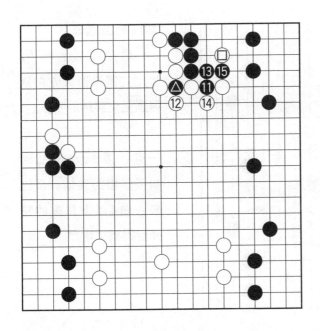

图 7

图7（拔花大损）

图6中的黑11，如果不知不觉地担心害怕而于本图中黑11打吃，满足于吃掉白□（得到10目左右的实地），让白棋吃掉黑▲，拔花30目，黑棋大损。

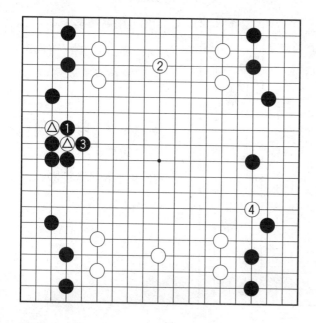

图 8

图8（残子太小）

黑1断，因为白△是残子，白棋完全可以置之不理。白2先行占据好点。

接下来，如果黑3提子，黑棋的实地实质上也不过就增加了10目多点，而被白4先行，黑棋损失更大。

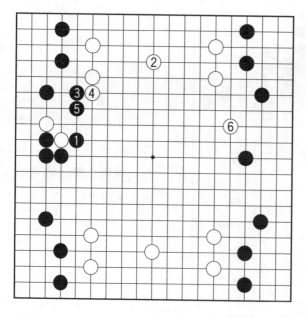

图 9

图9（相互增长）

黑1的打吃，和图8相比，是希望大吃白棋得到更大实地的手段。

不过，请不要忘记一点，黑3、5固然增加了黑棋的实地，反过来，白4以下白棋的模样也得到了增加。

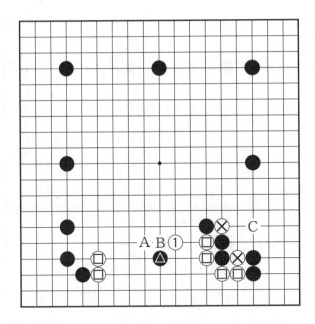

问题图

本题取自第18页图8的第13手，白1跳出头的局面。

下边的白⊡几个子，子数虽然增加了，但是，不仅周围都是黑棋，还没有根据地，所以是弱棋。

当然，黑▲也是一样的，周围多是白棋，还没有根据地，所以也是弱棋。

在相互之间弱棋接近的场所进行战斗的时候，其中特别重要的场所称为"急所"（除此之外，急所的要素还有不少）。

围棋的格言里有一句，**"急所比大场更急"**，强调的就是，与模样和实地仅仅是"很大"的大场相比，左右棋子战斗和强弱的急所更为重要。

另外一个需要注意的就是，右下黑棋的棋形在⊗处还有联络不完整的"毛病（断点）"。

从黑棋的立场出发，既要在意黑▲一子，也对⊗的断点有顾忌，这个局面下，A～C之中选择哪点好呢？

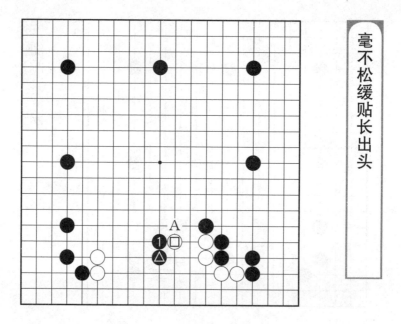

毫不松缓贴长出头

图 1

这样的局面下，黑1贴长毫不松缓地出头。

这里的**"毫不松缓"**是非常重要的一句话，意思就是，双方的弱棋在竞相出头的场面下，**要在威胁对方棋子的同时让己方得到好形。**

可是，这里又出现的一句难解的话，那就是**"威胁"**，这个意思就是说，**不离开对方的棋子，瞄着下一手的狙击。**

黑1笔直前行，和弱棋黑△连在一起得到好形，与靠近过来的白◪相接触，并威胁道："你要是敢大意的话，下一手我就黑A扳住进行攻击啦。"

围棋总是要求**缓急自在地攻防**，因为己方有弱棋就一味地逃跑，那实在是无趣。

己方的弱棋在逃跑的时候，要和攻击对方的棋子联系在一起，要有**攻击是最大的防守、攻防一体**的心情。

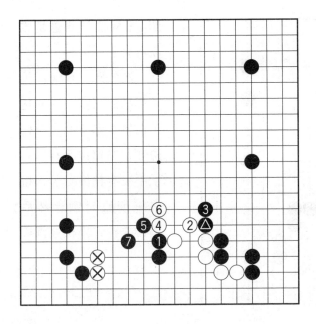

图2

图2（毫不松缓地扳住）

白2虎是好形，威胁黑△的同时出头，黑3长，一边加强黑△，一边扩展右边的模样。接下来，对于白4，黑5毫不松缓地扳住，进行到黑7，得到好形，可以对白⊗进行攻击。

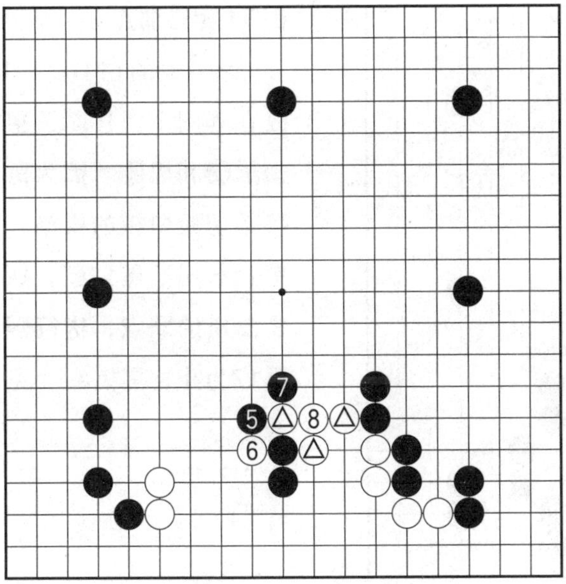

图3

图3（不怕切断）

有些人不敢在黑5扳，觉得白6的切断让人害怕。这里，请看一下对方的弱点。

黑7扳打，心情愉快的一手，让白△成为愚形……

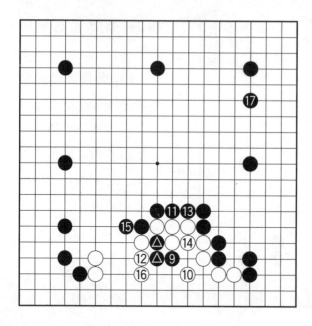

图 4

图4（即便被吃也是收获巨大）

黑9拐，不仅延长了黑△的气数，还弱化了白棋，是急所。白10防守，黑11以下利用弃子手段弃掉黑三子，将白棋彻底封锁，然后黑17先行，黑棋全盘称霸。

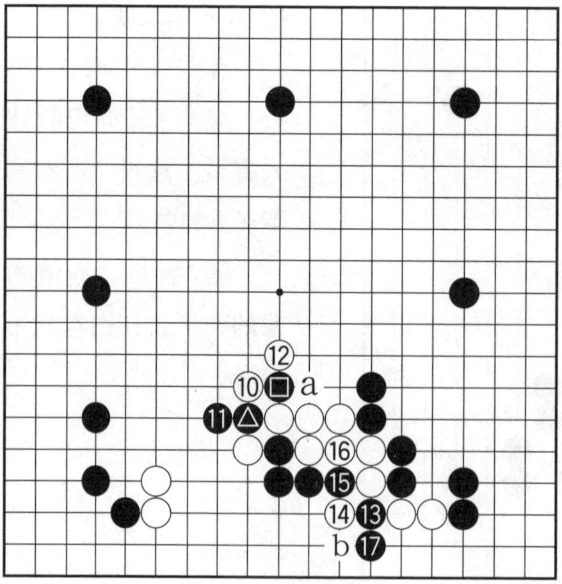

图 5

图5（狙击弱点）

图4中的白10，如改在本图中白10断，狙击黑△和黑■，因为黑△是切断白棋的棋筋，黑11长出。黑13断，抓住白棋的弱点，进行到黑17为止，黑棋a、b见合。

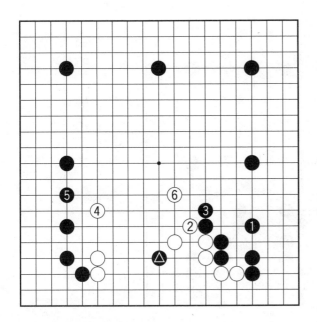

图 6

图6（脱离主战场）

黑1的棋形从局部来说是漂亮的本手，不过，没有看到急场，可以说是脱离了主战场。白2以下加强了白棋，到白6，黑△被鲸吞，黑棋了无乐趣。

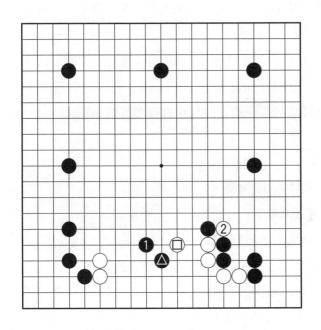

图 7

图7（缓形）

黑1小尖，虽然是黑△坚实出头的一手，由于对白○没有构成威胁，成为缓形。结果是让没有压力的白○成为强棋，给予了白2反击的余地。

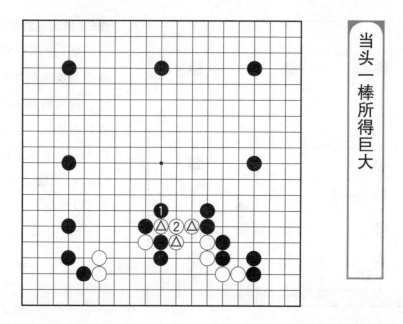

当头一棒所得巨大

图 8

对于通过战斗得到"得（利益）"这一点，图3的参考价值非常大，这里我们再做进一步的说明。

首先，图8中黑1扳打，封住白棋向中央的出路，这迎头一"叩"的一手，是心情非常愉快的好手。

特别是这次的例子，就好比当头一棒强烈地**叩打在对方的头顶上，这一棒让黑棋获得了巨大的"得"**。

下面我们看看黑棋都得到了什么样的"得"：

• 阻止对方的出头（和图2中白6的差别）。

• 破坏了对方的棋形使其效率低下。

• 打吃的一子（黑1）和势力的发展有关联。

在当头一棒的那一刻，黑棋就获得了这种无法用目数来换算的"得"。

另外，由于白2不得不粘住，白棋的棋形（白2和白△）成为被叫作"**斗笠形**"的"**愚形**"，更因为气紧，行动非常不自由。

从战斗的过程和结果中能够得到多大的"得"，这需要我们去坚实地把握。

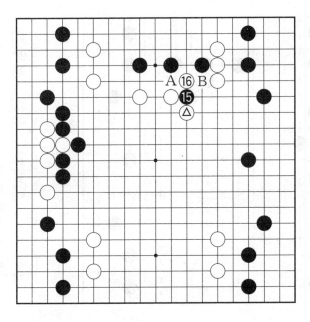

问题图

　　这是第47页的图3，对黑15靠，白16试图分断黑棋的局面。

　　下围棋的时候，自己的算路行不通的情况时有发生。

　　真要说起来，我觉得，**对于自己的算路这种事情，也许将其中的90%当作算不准更好。**

　　为什么要这样说呢？因为人是祈求自己的愿望（希望、妄想）得到实现的动物，这在围棋的世界里叫作"一厢情愿"。

　　黑棋的黑15，心里面应该觉得"下一手按理是白△吧"。

　　对方是有对方的情况和对方的愿望并按此去行棋的，要想进行推测是非常困难的事情，于是**不知不觉自顾自地就往有利于自己的方面去想，**或者被**感情所支配，可能这就是"人之所以成为人"的原因吧。**

　　说归说，对于白16总要应对，直截了当的一手，黑棋选择A、B哪一点好呢？

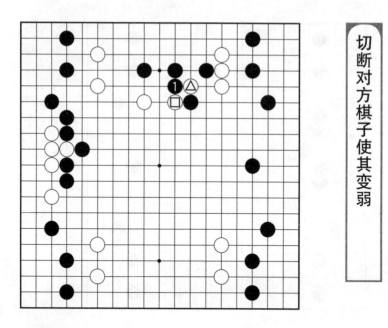

图1

切断对方棋子使其变弱

下面讲述的是围棋的基本，但是人们因为各种各样的感情和想法，常常会忘记。

下在棋盘上的棋子：

• **联络则强（可能性高）**。

• **切断则弱（可能性高）**。

围棋的一个大原则就是，**纵横线上邻接的棋子是一个伙伴（一块棋）**。

为什么说棋子联络起来就变强呢？那是因为**随着伙伴的增加，气数也得到增加（可能性高）**。

反之棋子被切断后气数减少（可能性高），除此之外，别无他论。

气数就是棋子的生命，气越多，棋子越强。

从这个道理出发，这里黑1干净利索地切断白△和白□，是毫无疑问的好手。

这样一来，被切断的白△和白□各自都只剩下两口气，成为非常弱的弱棋。

这就是在进行战斗时，首先要让"棋从断处生"。

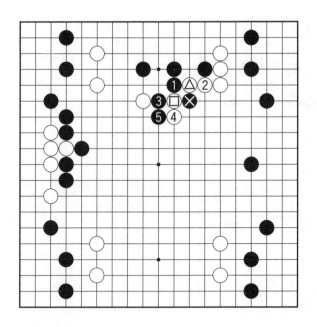

图 2

图2（突破）

白2粘住，救助白
△，黑3打吃攻击白□。
白4逃出，黑5突破出
去，上边的黑棋主体在
出头的同时穿裂白棋，
黑棋的步调极好。黑✖
可以暂时不管。

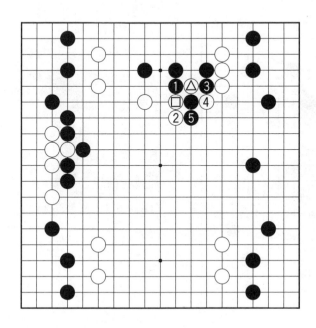

图 3

图3（穿裂敌人好步调）

如果白2加强白□
一子，黑3攻击白△。白
4断，黑5出头，白棋还
是成为裂形，黑棋好步
调。让敌人的棋子出现
两块弱棋，可以任意攻
击其中的一方。

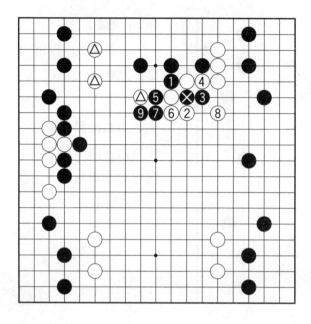

图 4

图4（不在意变重）

图2中的白2如按本图，白2先打黑✗一子，是让黑棋变重的手筋，不能允许被拔花，黑3长一手。白4粘住，黑5到黑9攻击白△，即使黑✗和黑3被吃，也可以满足。

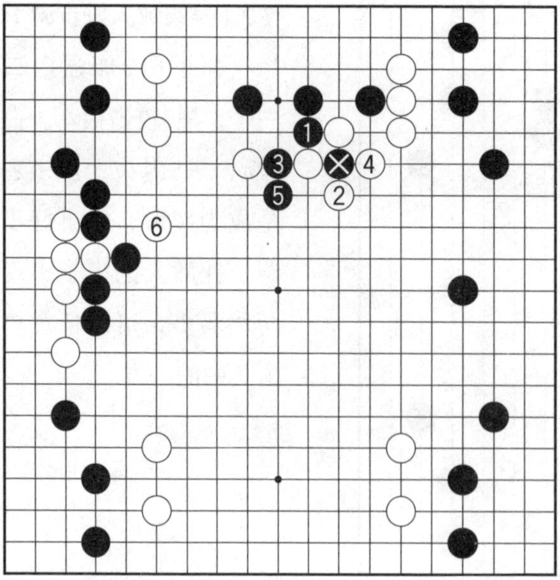

图 5

图5（拔花大损）

如果觉得反正黑✗已经是被吃的命，图4中的黑3，如本图中黑3简单地**让白棋拔花，大损**。黑5冲出时，因为右侧的白棋已经安心，白6就可以先手进行腾挪了。

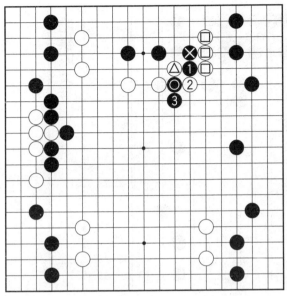

图 6

图6（棋筋变了）

黑1冲，是意在分断白△和白▣的一手，但是，不仅**没有干净利索地切断**，图1～图5中原来是配角的黑✕和黑◉现在变成了主角（棋筋），不得不在白棋子多的地方展开战斗……

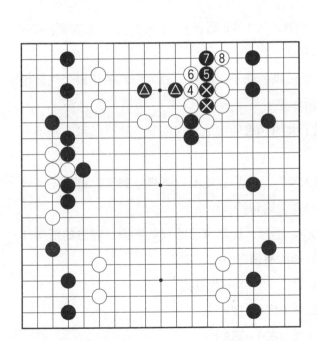

图 7

图7（在对方棋子多的地方作战是苦战）

白4打吃，白6穿裂而出，黑✕和黑△成为裂形，黑棋的气氛非常令人郁闷。

顺带说明一下，穿裂一方的棋子联络在一起成为强棋，而被穿裂一方的棋子被分断成为弱棋。

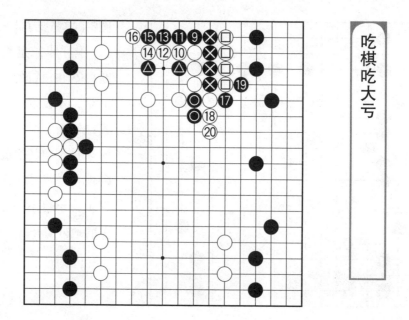

吃棋吃大亏

图 8

接图7，黑9～15延气，黑17断下白▢，黑棋8个子有五气，白▢四子有四气，对杀黑棋胜（第131页详述）。

但是，不仅黑▲已经进了白棋的肚子，而且，因为白20的长出，气数增多成为强棋，黑◉也难以有所作为了。

吃掉白▢四子黑棋得到了大约10目的实地，很明显，这一结果非常不合算。

这种状态就叫"**吃棋吃大亏**"，在形容吃呀吃呀棋吃到了，结果吃了亏（**没有所得反而损**）的时候经常说这句话。

能够吃掉棋子当然很开心，不过，比起自己吃棋的所得、对方的所得却更大的时候，那就不是一件开心的事情了。

当要发生战斗时，只要记住下面简单的两点：

· 在己方棋子多的地方战斗（图1～图4）。

· 在对方棋子多的地方避战（图6～图8）。

这样得到最佳结果的场合就会非常多。

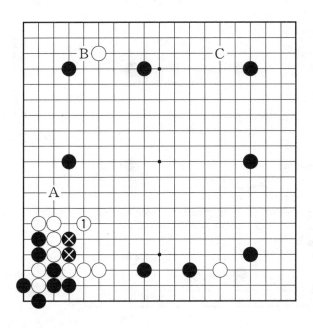

问题图

分先棋也是如此，但让子棋更加是这样——多少有些失败不必过于在意。

比如在中盘的时候，**些许失败直接成为事关胜败的致命伤的情况并不多见。**

要命的是，**在觉得自己失败了、走错了的时候，心情大坏，受这种情绪的影响，结果是一个失败连着一个失败。**

就像《论语》里所说的那样，"过而不改，是谓过矣"——有了过错却不加以改正，这才是真正的过错，所以，不要反复失败至关重要。

关照过我的加藤正夫先生也时常这样说："**任谁都会出错，竭尽全力的精神最为重要。**"

第28页图4，白1的场面。

黑✕两子被枷吃，损失不小，接下来黑棋的方向在哪里？

再举一句重要的话——并不仅仅限于围棋——**"谛观"。**

意思就是**"抛却世俗的执着就会领悟"**——我好像是很难达到这个境界的。

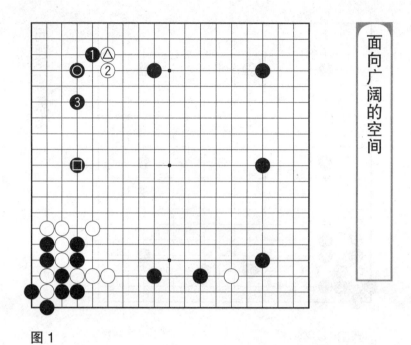

图 1

面向广阔的空间

在第68页的"对于中盘的重要的思考方法"里，我们提到：

• 预判空间的价值（发展性的有无）。

这里的"空间"就是指没有棋子的地方（棋子少的地方）。

人是唯物的，注意力不知不觉就会被盘上刚刚下的棋子所吸引。

但是，棋盘上有下面两种分类：

• 棋子下到的地方（要做出决断的地方）。

• 棋子还没有下到的空间（还不知道是谁的地方）。

盘上的棋子已经下到的地方，在一定程度上已经做出了决断，而**真正左右将来的是剩在盘面上的空间的走向**。

由于黑棋左下的失败，得到加强的白棋占据了宽阔的空间，那么，我们可以忘掉白棋，黑1强化黑◉的同时，攻击白△，白2时，黑3防守是绝好点，和黑▣连携，捷足先登面向宽阔的空间。

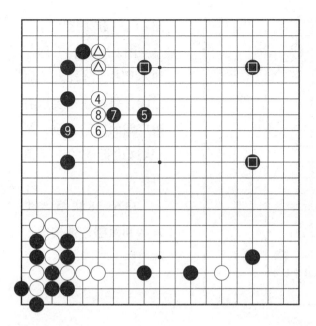

图2

图2（从宽处攻击）

接图1，白4将白△逃出，黑5，从宽阔的空间一侧对白棋进行攻击，这个方向所得更多，配合黑■形成大模样。

对于白6，黑7是**先手便宜的要点**（第101页详述）之后，黑9应，步调顺畅。

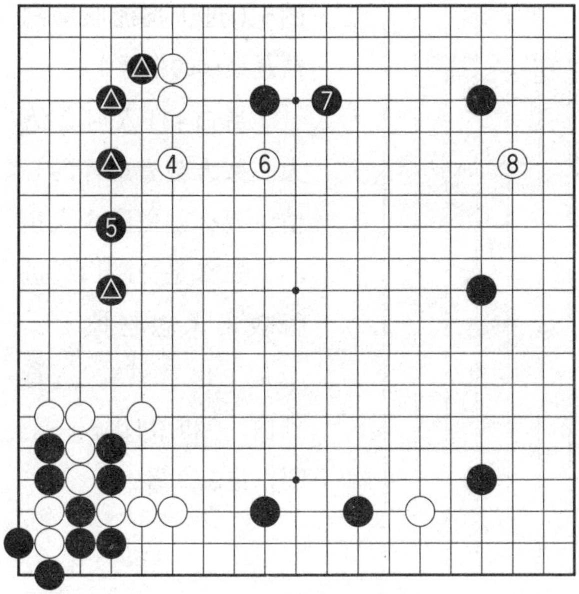

图3

图3（狭窄之处不急）

当白4跳时，如果觉得黑△危险而急于黑5防守的话，白6镇，白棋得到了进入广阔空间的余地。

进行到白8，和图2相比，差别一目了然。

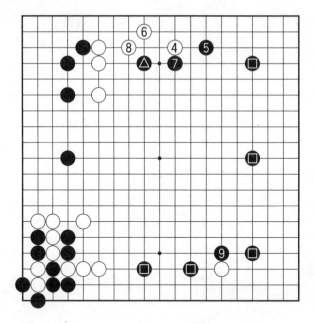

图4

图4（占据广阔空间）

图2中的白4，即便如本图中白4打入威胁黑△，黑棋还是要以右边广阔的空间为重，黑5从这边拆逼的一手值得推荐。

白6、8联络，黑7、9和黑▣连携构成大的模样。

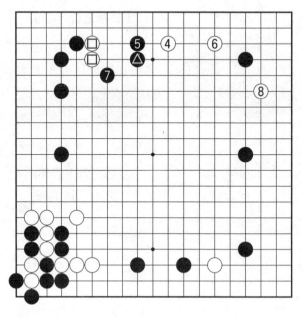

图5

图5（过于拘泥眼前利益是损棋的根源）

当白4打入时，绝大多数人会有这样的心情，要么是黑△令人担心，要么是分断白▣进行攻击（想吃掉），于是下出了黑5，进行到白8，和图4比较一下吧，你怎么看？

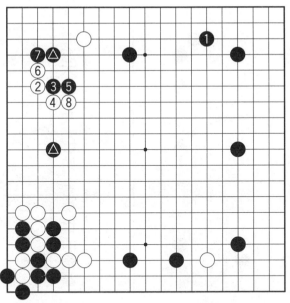

图6

图6（虽然是大场……）

黑1缔角虽然是盘上最大的棋子和棋子之间空出来的大场，但是，白2双飞燕，分断黑△，并对其展开攻击，是急场。进行到白8，左下的白棋发挥出作用。

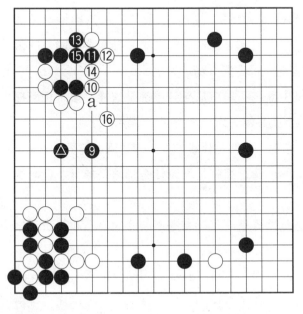

图7

图7（棋子被分断是苦战的根源）

接图6，由于黑△处于危险状态，所以黑9出头，结果是被白10严厉地扳住了二子头。进行到白16，虽然没有出什么大事，却是黑棋苦战的局面。

黑9这手棋，气势上应该在a位扳住。

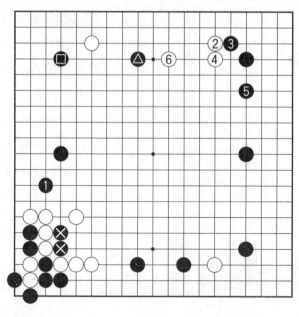

『恋恋不舍』和『嫉妒』是损棋的根源

图8

　　黑1逼近厚势，不知道是对已经被吃掉的黑✕"恋恋不舍"，还是出于"嫉妒"的心理，对于吃掉黑✕成为强棋的白棋采取了"一点实地都不想给"的姿态，但是白棋因为很强，受不到任何影响，更不会在狭窄的空间继续行棋，于是，白2就可以从容地先行占据大场了。

　　请一定记住，不管是不是中盘，一局棋从头到尾都是这样，**棋子相互碰撞进行战斗最后得出结果的地方就是棋子增加后空间变得狭小的地方**。

　　所以，在第89页写到的"谛观"，就是让我们进入"达观的境界"。

　　不过，在这里有一个重要的事情，那就是**无论什么都总是放弃、断念的话，是无法争胜负的**。

　　有点像是说反话一样，**胜负世界里必须要有绝不断念的心态和百折不挠进行战斗的精神**。

　　区分彼此是非常困难的一件事情，我也时时都在纠结之中，每天都在反省张弛有度的必要性——觉得这里好像有棋的时候，就要去顽强拼搏，觉得这个地方已经不行了的时候，就要学会断念。

专栏　围棋与教育

最近，从大学到幼儿园，开设围棋课的学校逐渐增多。

也许有人会想，学校教育里为什么要有围棋？其实这是自有其道理的，自古以来"琴棋书画"就为上流社会或君子所喜好，围棋就是其中之一。琴是音乐，书是书法，画是绘画，这些都已经纳入学校里的科目中了，单独把围棋挑出来不是令人不可思议吗？

之所以老师和家长满心欢喜地愿意将围棋纳入学校的课程，是因为他们认识到，人对人的游戏有以下特性：

• 学习礼仪做法和沟通能力。

• 刺激好奇心，提升集中力和思考力。

• 忍耐力、顽强不懈、对失败的承受力。

与他人的关系越来越疏远，一个人沉溺于游戏中，遇到自己不满意的结果时，可以立即重新设定，在这种环境下，就会逐渐养成不去学习的习惯。

另外，虽然将棋和国际象棋也是人对人的游戏，但围棋却不同，它自有其特点，作为围棋的优点和只有从围棋中才能得到的效用有以下几方面：

• 初学阶段规则很少，谁都可以学会。

• 将规则细化，可拾级而上。

• 违反规则的规定不多，可以按照自己的喜好行棋。

• 白纸一样的棋盘上可以自由行棋。

• 得到失败后东山再起，挽回损失的恢复力。

• 养成从抽象的局面中寻找到意义的能力（与语言、数学、哲学有相通之处）。

• 充分协调使用右脑（图形、空间认知）和左脑（数学、逻辑），刺激前头前野。

• 能够对胜败之外的吃棋和实地进行评价，获得自我肯定感。

这些对孩子（包括成人）的成长都会起到良好的作用。

我们可以听到全国各地围棋教室的老师们的声音："上过围棋教室的孩子不仅升学率高，考上好学校的也多"——希望今后能够有更多的学校将围棋纳入教育范围之中。

专栏　棋手是数学家？

在和不下围棋的人初次见面时，寒暄之际，"我是职业棋手，从事围棋工作"，大体上对方都会这样回答："好聪明的人呀。"

不知道为什么，**人们对下围棋的人的印象是聪明、记忆力了不得。**

然而，棋手除了围棋多少厉害一些，也不过就是一个普通人而已（有时候甚至还不如普通人），我的妻子就总说我"办事没条理""又忘记了跟我约好的事情"。

棋手从小就一心一意在围棋上下功夫，从道理上讲，围棋方面比一般人高明一些也是题中之意。

其他的世界也是如此，体育界出类拔萃的运动员、出色的音乐演奏家、做出美味料理的厨师、画出美景的画家、钓鱼高手、飞速敲击计算机的键盘侠、生活规律严谨的人（我是做不到）等，**他们都有各自的特长，都是非常优秀的。**

当然，话说回来，棋手中也有聪明和记忆力了不得的人，这也是不争的事实。

还真有这样的先生，自己下的棋就不用说了，别人的对局也能够记住，对局的时间、地点甚至逸事花絮都记得清清楚楚（当然我是没有这个本事）。

还有一个就是，**我觉得真的了不起的是计算力。**

围棋里面有各种各样的场面，**形势判断、对杀、劫、官子等，都需要算数的计算能力。**

权衡劫的价值、进行大型转换的形势判断，这些居然都能够在瞬间做出，实在是令人叹服。

特别是官子的时候，复杂得超乎业余棋手的想象，比如就有下面这种情况，"这手棋是三又六分之五目""这里便宜了几十分之一目"等，也不知道是怎么得出这些令人丈二和尚摸不着头脑的数字的（不言而喻，这对我来说也是令人头疼的领域）。

围棋的爱好者当中，数学家和理科的先生很多，从这个意义上来说，棋手或许也有数学家的一面也未可知。

第4章　手筋

围棋里常用的一个词就是"手筋"。

生活中，对那些"有素质""有才能""有感觉"的人，一般我们常常会说，"脑筋真好""很有天分""很上道"，而反过来就是"缺根筋"。

"筋"在这里有"精髓""精华"的意思，**"筋"这个字前加上"手"（棋子），成为围棋的术语"手筋"**，引申出来的意思就是这手棋动了脑筋，是局部最有效率的好手，"很上道"。

具体来说，就是指在一个局部，动用普通的下法和手段都无法很好处理的时候，活用、施展"手筋"来打开局面解决难题。

单独用一个**"筋"字，也和"手筋"一样，是褒义**，比如，"这个场面这才是筋""这个形的话，这里是筋""这个顺序是筋"。

相反，在贬义的意义上使用，就是"恶筋""臭筋""愚筋""异筋""俗筋""错筋"。

要想提高围棋水平，一个便捷的方法就是尽量减少"恶筋"，多下出漂亮的"手筋"。

然而，"手筋"多得如同天上的繁星一样数不胜数，更何况局面变化万千，想要全部背下来是不可能的。

和运动、音乐、绘画、文学等都有看不见的"筋"一样，围棋也需要**观看、模拟、学习好的作品，接受优秀老师的指导，在不断深入理解和反复实践的基础之上，我们慢慢就会懂得什么是"筋"**，水平也就会得到提高。

随着水平的不断提高，你就会发现，以前觉得是"手筋"的一步棋，现在却是理所当然的一手了，这时，你就会遇到更高级的手筋了。

围棋的"手筋"和"筋"的要领就是：

• 棋形（棋子的效率）和急所。

• 先手便宜的要点（有可以狙击的弱点，对方不得不应对的地方）。

• 顺序和时机。

如果能够将上述要领完美地组合在一起，你就会在实战中发现手筋并感受到效果。

现在，我们介绍一些具有代表性的手筋，学习一下其基本的思考方法。

在围棋术语里，与"筋"一样，"形"这个词也单独使用，如**"好形""厚形""形美""整形"**等。

不好的形则用**"恶形""愚形""团饼形""裂形"**等来表现。

当我们的棋力越来越强之后，令人不可思议的事情就会发生，那就是你只要瞄一眼就可以看出"形"的好坏——其实这就是人脑中已经储蓄了多年的经验和知识，导致你能够在瞬间做出判断。

从这个意义上讲，围棋这种瞬间的感受，类似我们对美的感受。人类能够感受到自然的美、艺术的美，那是因为我们的右脑受到感性的刺激，右脑形象思维的机能发挥出创造性的知觉、想象、直觉……令我感动的是，**围棋身上也有这种感受到美的艺术性的一面。**

如何去判断一个"形"的好和坏呢？我个人感觉大致有以下几点最为重要：

- 一方棋子的棋形和位置及方向（活力和效率）。
- 与对手棋子的组合。
- 强度（毛病、气、根据地、眼形、弹性等）。

然后，形中生出急所。

就像我们人身上的重要部位一样，棋子也有急所。

坚实地守护住急所，就可以确保安定、强壮的棋形，如果忽略了己方的急所，被对方抢先占据，棋形一下子就会变得苦不堪言。

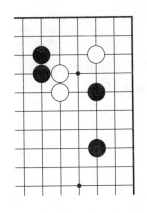

图1　黑先

形和急所的手筋就是：

- 让己方成为好形。
- 让对方成为恶形。

进一步说明的话，如果能够做到在让己方的棋形成为好形的同时，让对方的棋形成为恶形，一石二鸟，效率最高。

现在我们看看图1，急所在哪里？

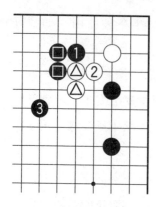

图 2

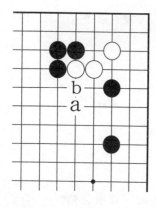

图 3

黑1拐是急所，在加强黑■的同时使白△的棋形崩溃，如果白2曲，试图和角上的三三一子进行联络，就成为"**空三角**"，是效率低下的愚形。

这里需要注意的是，此刻黑棋已经得分，**没有必要再进行多余的追究**，黑3飞起，在外面展开。

为什么说黑1加强了黑棋呢？理由就是增加了黑■气，还得到了根据地。

反过来，如果被白棋走到1位，和白△结合起来成为一条直线，不仅得到好形，还长出了气，是让黑■二子变弱的急所——希望大家能够好好体会两者之间的差别。

为什么说白2的"空三角"是愚形呢？理由就是，如果像图3那样的局面，白棋将不会走在b位，而是 a位跳出，联络的同时快速向中央进出，棋形漂亮。

相比之下，白b退缩了一步，形成了图2的惨状。

也可能觉得这是一种强词夺理吧，这种思考方法就是导致图2中白棋的棋形效率低下成为愚形的原因。

如上所述，**从棋形的现状出发，要想避免出现没有子效的棋子，就要思考哪一手棋将是子效低下的损棋，方法就是用手割来分析棋子的效率。**

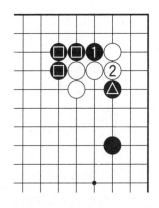

图4

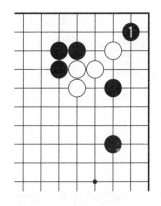

图5

在图2中，有一句"没有必要再进行多余的追究"，那是因为担心大家会这样想和这样做："先手呀，还不乘胜追击"，于是走出黑1这手棋，结果被白2守住。

围棋和开车一样，必须有油门和刹车，有些场合一旦下起来，势头就上来了，怎么也不肯离开这里，就好比不知不觉地踩住油门一个劲儿地往前冲……不知道刹车（停止）的话，很可能就会下出损棋。

黑1虽然加强了黑◼，但是由于有了白2，黑▲变弱，兄弟阋墙，自己人伤了自己人，是非常损的一手。黑1如果下在2位，被白棋在1位防守，也不能说是占到了便宜。

如图4中的1位或2位那样，己方的这手棋对方绝对要应的一手或场所，就叫作"先手便宜的要点"。

在对方绝对会应的地方，己方不看时机不由得就急忙去走，那就是没有考虑到**更加重要的事情，还有可能获得更大的利益。**

己方的**先手便宜的要点**根据时机去使用获得成果，这被称为**"先手得利"**。

如果是反过来，不看时机去使用的话，结果是**己方遭到损失（对方得利）**，那就是帮倒忙了。

先手便宜的要点就是当己方判断有所得后才使用，否则的话就保留这个先手便宜的要点不去使用，这一点至关重要。

假若图2中的黑3如**图5中**的黑1点入角上，也是侵入的手筋。

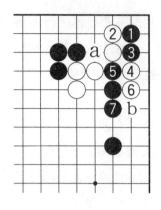

图6

黑1点入，白2挡住，对黑3，白4扳出，黑5断，双方顺序正确。

对白6，黑7长补强自己，接下来，黑a的断和黑b成为见合。

白2如果在3位挡，黑2就可以和左上的黑三子联络，因为a位起到了作用。

黑1居然能够点在这里，看上去有点越出常规，令人诧异，其实，只要看到黑棋有a位和5位两个地方的先手便宜的要点，就很容易发现这个侵入的好点。

无论对方在哪里应，黑棋都可以相应地使用a位和5位的先手便宜的要点，就好比石头剪子布的"猜丁壳"，等你出拳后，我跟在你后面再出拳。

有关先手便宜的要点的心态是：

• 对手不走的地方保留先手便宜的要点（图4中的1、2白棋首先不会走）。

• 先手便宜的要点在最好的时机使用（图6）。

• 在有几种先手便宜的要点时，选择获利多的。

也可以换成这样的说法，手筋其实就是图谋活用先手便宜的要点，从而得到利益。

最后，给平常不能很好地使用手筋的爱好者一些建议：

• 破坏对方棋形（使其变弱），增加更多的先手便宜的要点。

• 试试把平常的选点改为更进一步深入或旁边的一路。

• 试试改变平常的顺序（黑a→白b→c改变为从黑c开始）。

也可能觉得我是在胡说吧，其实，手筋总是从自己身边溜走，只有完成思想的飞跃才能抓住它。

让我们充满信心地去挑战吧。

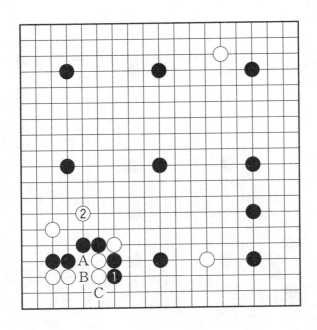

问题 13 黑先

问题图

第21页图3的局面，黑1挡，是有力的一手。

白2虽然是不可错过的急所，因为上手总是喜欢威胁恐吓下手，于是白2下出**无理手**攻击左下的黑棋。

手筋，一般来说是在双方棋子接触的时候最容易出现的，我们将手筋置换为柔道之技或许会更容易理解。

柔道的时候，双方身体如果是没有接触的状态或双方没有露出破绽，你的"技"就很难发挥出来。

当两个人身体接近时，从"组手争"（用有利于自己的方法抓住对方）开始进行接触，当一方的态势崩溃或出现缝隙之际，就是你施展"技"（手筋）之时。

当对方下出无理手之后，机会就来了，该是手筋出场的时候了，柔道中的术语叫"返技"，相扑中的术语就是"看我的"。

白2的瞬间，黑棋拿出怎样的手筋来收拾白棋呢？

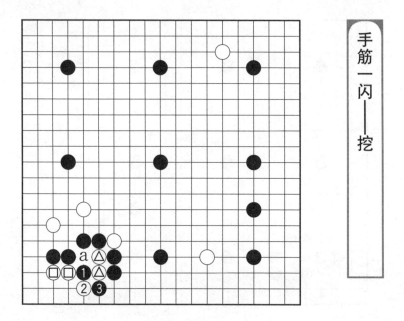

图 1

黑1挖是锐利的手筋，抓住了白棋露出的一丝缝隙。

黑1的加塞插入，起到了切断白△和白▢之间联络的作用。

对于白2，黑3的断是倒脱靴的手筋，吃掉了棋筋白△，左下的黑棋联络在一起稳如泰山。

角上的白▢也是风中之烛，危在旦夕。

顺带说一下，倒脱靴就是黑3之后，即使白a提掉黑1，由于白△和a位的白棋三子处于被打吃的状态，黑1可以吃回来，是吃棋的手筋。

将被打吃的棋子（黑1）作为诱饵吃掉敌人更多的棋子，手法痛快淋漓。

倒脱靴的要领：

• 分断对方的棋子（黑1、3）。

• 减少对方棋子的气（黑1、3）。

• 不在意己方的棋子被打吃（黑1）。

如果黑3在a位粘住的话，白可在3位溜之大吉。

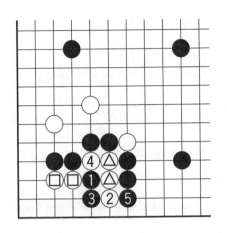

图2

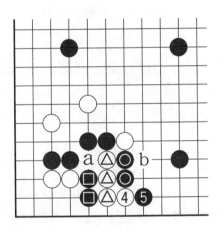

图3

图2（分断追究）

白棋为了避免倒脱靴，白2立下，黑3冲，分断白△和白▢，是严厉的追究。

或许会担心白4的断，这里黑5可以先于白棋打吃白四子，黑1、3还有两口气，对杀黑棋胜出（参考第132页）。

不少人非常害怕己方的棋子被断开，其实，**对于切断的一方来说，断在对方有不少棋子的地方，己方气被紧住，棋子容易变弱，因此也是胆战心惊。**

如果黑3害怕被断而在4位粘住的话，白棋在3位渡过，很简单地就联络在一起了。

图3（毫不松缓地收气）

图2中的白4这手棋如按本图的白4，在让白△延气的同时试图出头，是最顽强的抵抗。

此刻，黑棋需要注意的是，有了白4，黑◉的气也很紧了，就剩下两口气，而且a位断下黑▢的毛病依旧存在。

也就是说，对于黑棋而言，a位的弱点和白b狙击黑◉的手段是见合。

这种局面下，**不能单纯地进行防守，而是要通过弱化对方的棋子达到防守的目的，这种逆向的构思非常重要。**黑5这手棋，防止了白a、b的狙击。

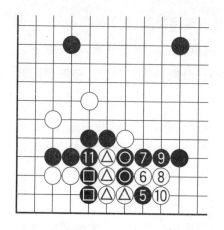

图 4

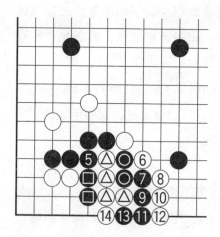

图 5

图4（活用弃子弃掉枝叶）

黑5之后，为了救助白△，白棋针对试图封锁白△的黑棋当中**最薄弱的黑◉和黑5进行狙击**。

这里所说的"弱"就是：

· 气少的棋子（黑◉两气、黑5三气）。

· 毛病在身，联络不全（白6就是毛病）。

白6分断黑◉和黑5之间的联络，从黑棋的立场来看，黑◉面向宽广的地方，是将来很有发展性的棋筋，所以黑7逃出。白8长、黑9、白10之后，黑11加强了黑■，黑5作为枝叶非常漂亮、有效地完成了弃子的任务。

图5（征子是手筋的代表）

图3和图4中的黑5，如果担心黑■而在本图中黑5粘住的话，白6紧气"征子"黑◉——**征子是吃棋的手筋中代表性的手段之一**。

这个"征"字，有征服和远征的意思。

征子的要领就是挡压在对方能够长出气的方向。

黑7之后，白8继续征子，黑9的话，白10（白走11位也可以），**将黑棋一路追杀到棋盘的底边直至无路可逃，最后可以全部吃掉。**

需要注意的一点是，白12不能下在13位，否则白△被吃。

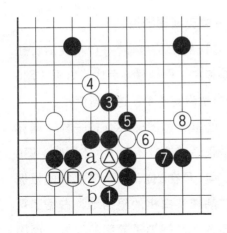

图6

图6（让对方成为愚形也是手筋）

黑1在下面的二路扳，是急所，和"二子头必扳"一样是非常漂亮的一手。

黑1不仅紧住了白△的气使其弱化，还夺取了白棋的根据地，同时补强了自身，一子多用，效果显著。

为了救助白△棋筋，白2只能和白囗联络，这里，由于a位没有子，白△两子的形状就是"空三角"。

顺便提一句，白2如果占b位，黑2则成为倒脱靴。

愚形就是棋子效率差的恶形，黑棋在这里也就没有必要进一步追究了，黑3～7构成好形，可以满足。

现在，我们来看看如何很简单地就能够看出什么是"好形"：

- **没有残子（或很少）。**
- **对方动手也不难受。**
- **下一手有"好手"或"好形"。**

反过来，我们自然就知道了什么是"愚形"了吧：

- **有残子（很多）。**
- **对方动手会很难受。**
- **下一手没有"好手"或"好形"。**

换一个说法，"好形"就是**"单纯的没有多余和浪费的很美的形状"，**自然也好，艺术品也好，它们的"美"就是取得整体平衡没有多余和浪费的姿态和形状，增一分则肥，减一分则瘦。

尽管每个人的审美各有其微妙的差别，不过大多数的认知还是一致的，**去观赏那些一般公认的美和自己觉得美的事物是最为重要的——围棋也是如此。**

另外，单从"好形"和"恶形"上**不大容易看出具体的损益，其效果只会在后面的进行中渐渐地表现出来，让我们以"美形"为目标去努力吧。**

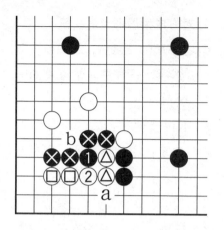

图 7

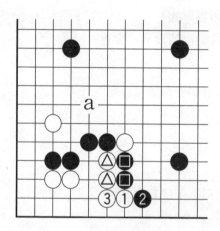

图 8

图7（毫无所得的愚形）

黑1的团是愚形，白2粘住后，让白△和白○得到**联络后成为好形**（图6中的1位没有子），这是帮倒忙。

这里，和图6中的白2一样，同样都是联络，难道还有什么不同吗？图6中，黑1是在a位，扩大了黑棋的根据地，削减了白棋的根据地，占据了可以多方面发挥棋子效率的地方，而图7中，黑1却是在狭小的、没有发展性的、毫无所得的地方增加了一颗黑子而已。

其实，黑✕原来的形状很好，连携在一起，气数也多，现在增加了黑1，画蛇添足，反而成了愚形"空三角"（b位没有子）。

图8（扳的急所）

通过以上分析可以看出，问题图中的白2（图8中的白a）是无理手，因为它给了黑棋得以施放出恰如其分的手筋的机会，让白棋一下子苦不堪言。

这里应该这样下，白1扳是急所，在守护白△的同时紧住黑■的气。

黑2挡住，白3坚实地粘住，不仅棋形上没有任何缝隙，确保了角上的根据地，还让黑■变弱，只剩下两口气，并在黑■和黑2之间留下了断点。

即便是上手的白棋，在这个棋形中，我们也可以十分清楚地看到，该防守的急所就必须防守。

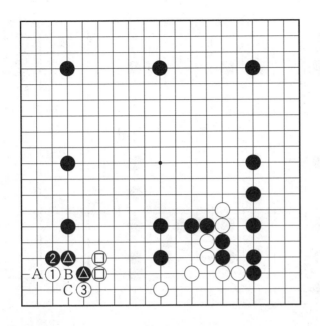

问题14 黑先

问题图

第15页的图3之后，白1打入的局面。

白1的三三是事关根据地的要点，日本的围棋用语叫作"小鬓"，是应对黑▲小尖的急所。

黑2冷静地挡住，意在防止白棋侵入左边。

但是另外一侧留下了白3侵入的缝隙，这也是没有办法的事情。接下来，就是黑棋如何应对的问题了。

黑2在左边防守多少有些问题，如果重视对白◎的攻击，就有黑3位立下，或者黑B位团，或者黑C位尖的选择，切断白1和白◎的联络，都是严厉的手段。

这里解释一下，前面说的"小鬓"，本意是指"头部左右两边前面的头发"，是江户时代的时尚发型。

"小鬓"成为围棋用语的理由，我觉得有以下几点：一个就是小鬓与头和耳朵之间的位置关系，取其形象；一个就是时尚发型的要点，取其引人注目；再一个就是靠近鬓角的急所，取其重要，因为鬓角的部位一般都是太阳穴的所在。

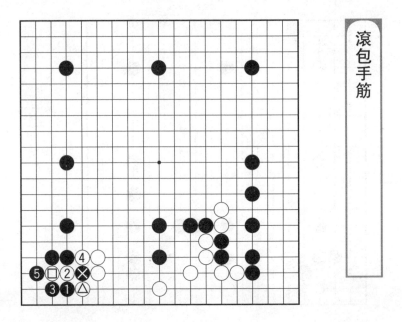

图 1

这个问题的答案有诸多好手，我们先来看看黑1的扳。

这里是特意让白2断，然后黑3～5，让白棋吃掉黑❌一子，用**"滚包"**的**手筋**守住了角部。

黑❌虽然被吃掉，其实并不是**被对方吃掉，而是被己方弃掉**，从这个角度思考，就是弃子。

弃子的要领就是：

- 弃掉救助价值低的棋子（黑❌）。

- 价值高的地方增加己方的棋子（黑角）。

- 对方吃掉后所得甚少（白棋实地很小）。

其中，效率特别高的就是活用弃子的"滚包"手段。

所谓"滚包"，就是对方吃掉棋子后的棋形就像"扎染"（将布扎紧的**染色工艺**）的布团一样，紧缩在一起成为团饼愚形状态——"滚包"手段一旦实现，那才真是痛快淋漓。

进行到黑5后，白□和白2两子已经不大，如果在黑❌位粘住的话，整体就会成为团饼形，所以白棋将脱先转向其他地方。

黑棋也不急于在黑❌位吃掉价值很小的白□和白2。

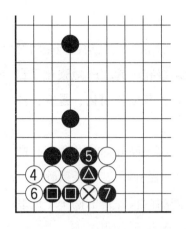

图2

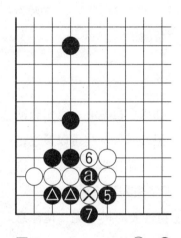

图3   ⑧＝●

图2（惩罚无理手）

图1中的白4如按本图，白4立下侵入黑角，试图分断黑▲和黑■的联络，是无理手。

黑5粘上，守护住被白棋切断的棋筋黑▲，反将白棋分断。

即便白6攻击，让黑■两子就剩下两口气，但是黑7断，可以吃掉只有一口气的白⊗，黑棋全体得以联络，白棋支离破碎。

哪怕对方是上手，当你感觉到对方的这手棋好像很无理时，就要认真确认状况，对无理手给予惩罚。

无理一旦得逞，道理将不存！

图3（西洋滚包）

图2中的黑5如按本图，黑5慌忙断下白⊗一子试图吃掉，白6吃掉黑a的棋筋，黑棋大损。

黑7打吃，白8冷静地粘住，白棋全体联络在一起，强壮厚实，黑棋则支离破碎，与图2相比，天壤之差。

由于白棋的棋形成为团饼形，或许有人会很开心，其实，这叫作"**西洋滚包**"，因为"扎染"是日本的工艺，西洋没有，所以是"假货"。

更要强调的是，处于二线的黑5和黑▲，虽然可以通过黑7一线渡过，但是这个形状不仅很难得到实地，在联络上也非常薄弱，对于这种"苦渡"，一定要注意。

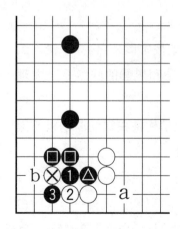

图 4

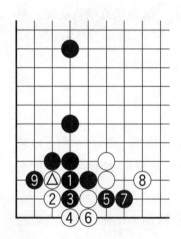

图 5

- 利用盘端不长气。

- 不让做眼。

黑5断，弱化白棋，白6粘住后，黑7长出，延出五口气，白8封锁，黑9紧气，黑棋的攻击一帆风顺。

图4（留有狙击的分断）

黑1团，虽然是恶形的空三角，但是将黑△和黑■牢固地连接在一起，一边强化了自身，一边紧了白⊗的气使其弱化，是有力的攻击手法。

对于白2的爬，黑3断开白⊗并紧气，非常严厉，白⊗一气、黑3两气，对杀黑胜。

这个棋形外侧的白棋各自的两个子的联络并不完全，今后还有黑a的狙击。

对于黑3的断，下手常常会因为胆怯而在b位打吃，这样一来，被白3粘住后，白⊗和白2得到联络，是"帮倒忙"。

图5（苦渡）

对于黑1的团，如果白棋一心一意想救助白△的话，白2立，黑3冲下，白4可以渡过，但是棋形就像图3所说的那样是"苦渡"，这样的进行是白棋"赔了夫人又折兵"。

我们如何去惩罚苦渡的棋形呢？请注意以下几点：

- **惩罚其联络不全（毛病、断点）。**

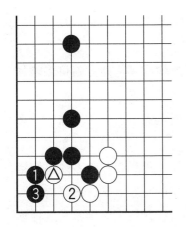

图 6

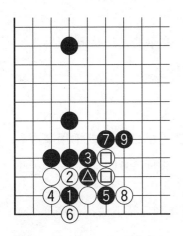

图 7

图6（让对方轻松的缓手）

黑1扳，事先就抱着到此为止不能再让对方进来了的心情，结果让本来是薄弱的白△轻松地和白2联络，成为**"缓手"**。

即便黑3可以说是"得到了角上的实地"，但是和**图1、图4**相比，**可以看出目数差得太多了**。

当上手侵入到己方的实地时，下手不知不觉地很容易这样想，"不可能吃掉上手的棋子""进来了也没有办法""好歹能得到点实地就行"，其实，白棋也是"人之子"，没有什么好怕的，让我们伺机而动进行战斗吧。

图7（选择自由）

图1是滚包弃掉黑△重视角上的下法，如果是**重视外侧的话，黑1弃子后黑3粘住，根据局面这种选择也很有力**。

白4打吃，黑5断，先手便宜，弱化了白回，然后黑7扳在**"二子头"**的急所。

白8打吃，**黑9挺头取势**。

弃子就是如字面那样"弃掉棋子"。

一般情况下，吃掉棋子的一方有所得，但是伴随着棋力的提高，我们就会发现**弃掉己方的棋子让对方去吃更有所得**，这是需要我们注意的。反过来说，我们要知道吃棋反而损了的情况时有发生。

为什么会出现这种现象呢？那是因为有以下几个好处：

· 吃棋要花费手数（棋子、气）。

· 对方为了吃棋所花费的棋子数量，在相反方向或其他地方就可以增加同样数量的己方棋子。

· 利用被吃掉的棋子，还有"劫材""先手便宜的要点""余味""后续手段"等值得期待的快乐。

将棋里有一句格言："才学将棋要车不要王"，意思是初学者还不知道"王"的重要性，只对"车"情有独钟，引申出来的意思就是，愚蠢的只看到眼前的利益，却把更重要的丢掉了。对于初学者在开玩笑时则常常这样形容："棋盘上怎么都是石头子""定睛一看全是特制的石头"。

下在棋盘上的棋子的前途当然重要，**盘上剩余空间的可能性和要为将来盘上的棋子进行先行投资**也同样重要。

从这种思考方法出发，就很容易能够下出好手和手筋。其要领就是：

· 在宽广的地方增加棋子（避开棋子多的地方）。

· 不过分走向棋盘的盘端（发展性低）。

· 所有的棋子都不过分重视。

可能有人会这样想，这么简单就可以提高棋力的话，那就不用辛辛苦苦地去学习了，然而，当你看看远超人类手筋的宝库"AI（人工智能）的棋"，恐怕就只能这样想了。

AI并不是像我们所想象的那样，将所有的变化和后续下法都计算到了，它不仅简单的死活、征子会搞错，也没有实地和眼的概念。

AI是很单纯的，它的每一步棋都是从走到这里胜率将得到提高的经验（自己学习）中得出的（这和孩子们进步很快是一样的）。

在强大的AI问世之初，下出的那些和人类毫不相同的奔放的着法，"这是什么棋？实在看不懂""就这乱七八糟的（人类的眼光）的下法，真不知道是怎么赢的棋"，这样说的棋士虽然不在少数，但是我因为持有前面提到的思考，所以能够率直地接受AI的下法。

话是这么说，真要做到把AI吸收、消化到自己的棋里变得更加强大也并不是一件容易的事情……

这就是所谓"说起来简单，做起来难"吧。

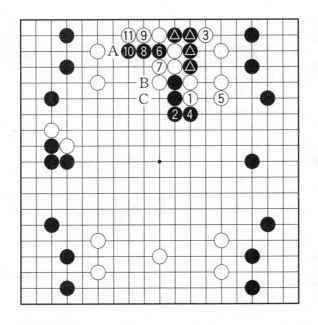

问题图

第75页的图6，白棋顽强抵抗，试图吃掉黑⚫四子的局面。

白1和3堵住了黑棋右边的出路，因为白5双板凳的坚实联络，黑棋只能瞄着白棋的弱点黑6，开始分断白棋寻找狙击的机会。

进行到白11，上边的白棋已经变得很强，从黑棋的立场出发，白棋中央的白四子进入了射程圈，A～C三点哪个最好呢？

第95页的专栏"围棋的优点"以及"只有从围棋中才能得到的效用"里有这样的话：

• **得到失败后东山再起，挽回损失的恢复力。**

"恢复力"这个词来自英语的resilience，也有人翻译为"精神恢复力"或"心理恢复力"。

围棋里的战斗不断，遍及全盘，其结果或许是失败和损失，一个局部战斗结束后一盘棋当场输掉的情况并不多见，还可以寻找机会在其他的地方争取将损失弥补回来，我觉得围棋之所以魅力无穷，这一点就是证明。

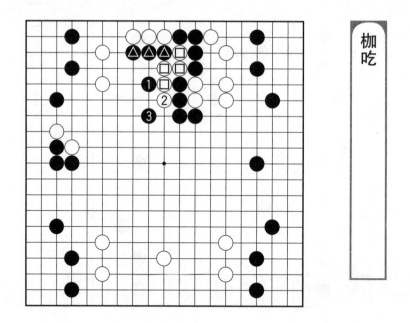

图 1

　　黑1靠，既补强了黑⬤又紧住了白▢的气使其只有两气，迈出了走向正解的第一步。

　　白2向外长出，延出三口气，这里，黑3的**枷吃是手筋**。

　　枷，日本围棋用语使用的汉字是"下駄"，原意是木屐，引用在围棋中，是取其形象可以联想到木屐上的两根纽带夹在脚上使其不能脱落。具体来说，就是**抢在对方棋子之前将其出口封闭**，因为已经无路可逃，结果就是被吃掉。当"枷吃"的手筋出现时，另外一个形容就是"穿上了木屐"。

　　我们可以想象这样一个很有耐心的场面：**投出渔网后慢慢收紧，将鱼出逃的网口逐渐缩小，最后一网打尽。**

　　就好比眼前水里的鱼不能用手直接去抓一样，对于狙击的棋子不直接去紧气，而是在更大的视野下采取行动。

　　黑3枷吃，我们可以看出，这个棋形的状态下，白棋出逃的道路有三个方向，都是只有一气，非常细小狭窄，即便出逃也将立即被黑棋当场拿下。

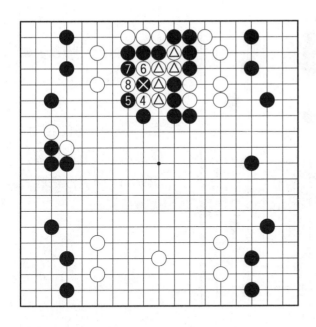

图 2

图2（打鼹鼠）

下出枷吃的手筋之后，对于试图出头的敌人，就可以像"打鼹鼠"的游戏一样，迎头一击，轮番敲打它们。

对白4的冲，黑5迎头一击，不必介意白6打吃黑⊗一子，黑7再次迎头一击，紧住白棋的气。

白8虽然吃掉了黑⊗一子……

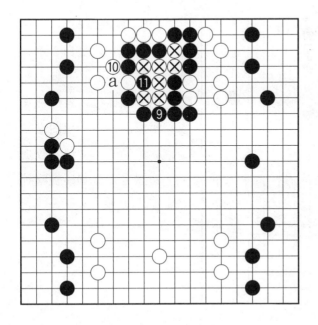

图 3

图3（接不归）

黑9是"接不归"的手筋，连续打吃白⊗，最后悉数被吃个精光。白10如在11位接住，黑a位即可。

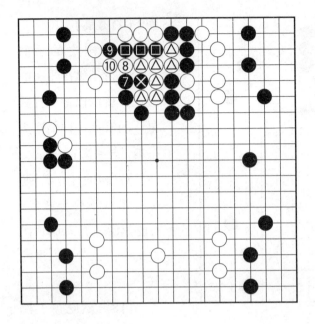

图4

图4（逃脱）

图2中的黑7，如果介意黑✖被打吃，在本图中黑7粘住，这样一来，白8冲，不仅主体白△逃出，还打吃黑▣，黑9、白10，白棋胜利大逃亡。

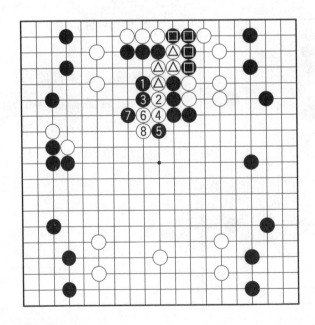

图5

图5（抓泥鳅）

图1中的白2冲，如果黑3开始一步一步用手去抓鱼，就像抓泥鳅似的，白棋扭曲蠕动顺势滑了出去，不仅成功溜走，黑▣还被吃掉了。

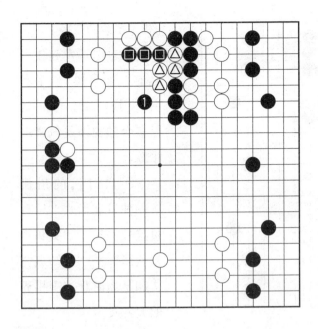

图6

图6（渔网过大）

黑1立即直接"枷吃"，结果却因为**渔网太大了**，给予了鱼（棋子、白△）逃出的缝隙，而结网的黑■也处于弱棋的状态了。白棋的下一手是什么?

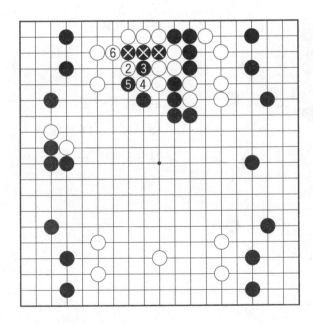

图7

图7（破网而出）

白2靠是手筋，白棋一边出逃一边紧住黑✕的气使其弱化。对黑3，白4冲正好成为打吃，黑5断，白6将黑✕收入囊中。白2如果下在3位，黑棋将在2位把白棋关在里面。

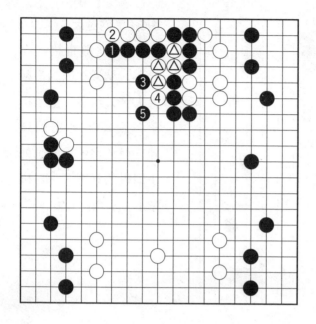

图 8

图8（多余的交换）

在对白△发起攻击之前，如果黑1顺手和白2交换一下，结果就是**多余的交换是气紧的根源**。

江户时代的川柳（一种诗歌形式）里有过这样一句，**"丈和也怕气紧"**——要知道，丈和是当时日本围棋界的大名人。

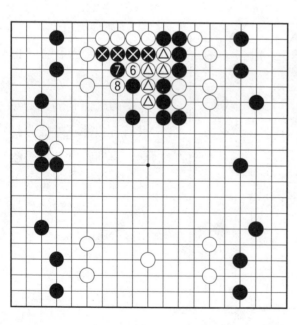

图 9

图9（气紧）

白6冲出的时候，黑7再挡，情况就和图2截然不同了，由于黑✗气紧，白8一断成为打吃，而白△还多两口气。

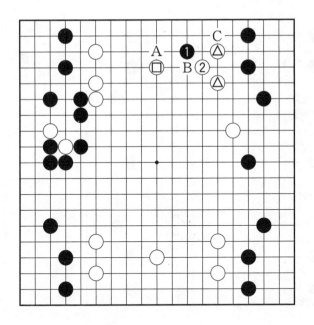

问题
16
黑
先

问题图

第76页图9的继续，黑棋打入上边的白棋阵营，白2进行攻击的场面。

从下手的心理角度看，当他看到白棋构成阵营后，很容易这样想："已经进不去了""白棋成空也是没有办法的事情"，那么，就让我们在早期阶段白棋的棋子还不多的时候轻松打入吧。

随着局面的进行，白棋的棋子会不断地增加，等到发现"怎么成了这么大的空"时，再鲁莽地打入，那就太难为自己了。

打入对方阵营的要领如下：

• 从对方阵营薄弱的地方打入。

• 对方棋子有可以狙击的地方。

• 有根据地或出头（出路的缝隙）的余地。

"薄弱的地方"就是指对方棋子少、联络上有缝隙的地方，问题图中的黑1就是瞄着白△和白□之间的缝隙而进行的狙击。

当白2尖时，也许有人会觉得头疼，"怎么办呀？"其实，这里白棋的棋子并不多，活用手筋，"腾挪"的余地非常大。

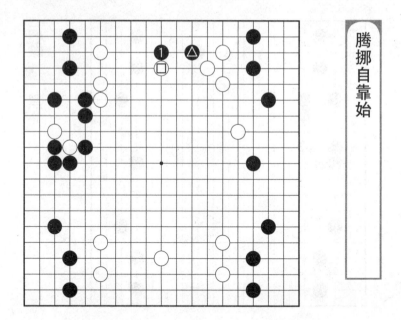

腾挪自靠始

图 1

前页的最后写到的"腾挪"，意思就是**"适当地处理什物"**。

腾挪的手法有多种，有的华丽如同庖丁解牛，有的潇洒如同信马由缰，不一而足。

在围棋世界里的腾挪，当然是指**"棋子的腾挪"**，这并不是说，绝对要救出这些棋子，而是这个场面下考虑到与对手的力量关系以及全局的平衡进行恰如其分的处理。

也就是说，并不一定非要把打入的黑▲一子营救出来，**只要能够有所得，弃掉也可以**，这种柔软、轻灵的构想非常重要，忽视了这一点，就会成为笨重的腾挪，需要我们注意。

综上所述，腾挪的第一步就是在白棋（□）子数少黑棋期待多的地方黑1靠，这就是"腾挪自靠始"。

顺带提一句，**绝对要救助的弱棋出动的时候，叫"治孤"**。

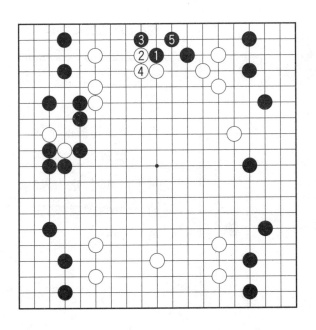

图 2

图2（腾挪走斜线）

腾挪的要领是靠，因为这样可以**让对方的棋子变弱**，再一个就是**走斜线**。白2扳，黑3在斜线上也扳，被弱化的白棋白4粘住，黑5成好形。

像这样在斜线上增加棋子后，不仅得到好形，"眼形"也丰富，这就是腾挪的效果。

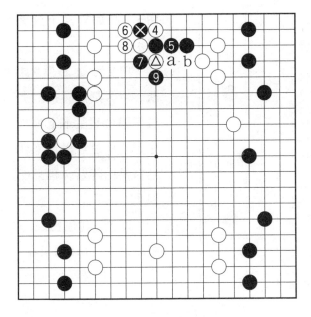

图 3

图3（吃掉也不痛）

对于白4的断，可以弃掉黑⊗，代价则是白△变弱，也是腾挪之形。白a则黑b出头。

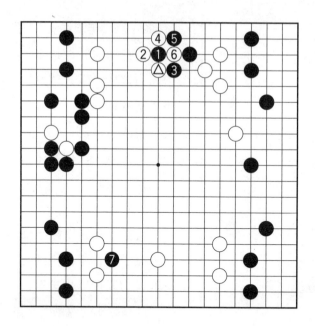

图 4

图4（劫是腾挪之华）

白2扳时，黑3虎的下法也是走在斜线上的好形，对白△施加了压力，也是腾挪的手筋。这里需要注意的是，对于白4的打吃，黑5做劫。白6提掉黑1之后，黑7寻劫……

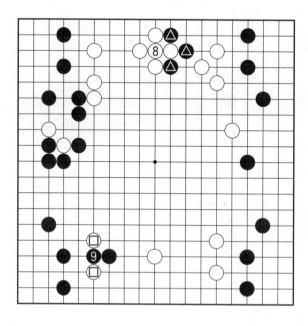

图 5

图5（腾挪转换十分满足）

白8消劫，黑9冲断，双方形成转换。上边黑△虽然基本上被吃住了，不过这里本来就是白棋的阵营，也只能到此为止了。

黑9控制住白□，所得甚大。白8如果在9位应劫，则黑8位提劫。

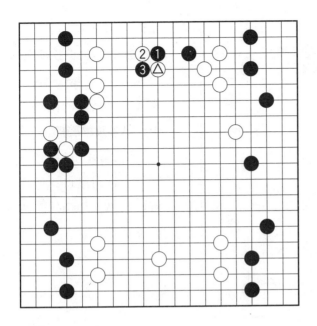

图 6

图6（扭十字也是腾挪的手筋）

对于白2的扳，黑3断的**扭十字**也是弱化对方棋子进行腾挪的手筋。

从侵入白棋阵营的黑棋的立场来说，**不管在哪只要有所得就是成功**，所以黑棋的心情很轻松。

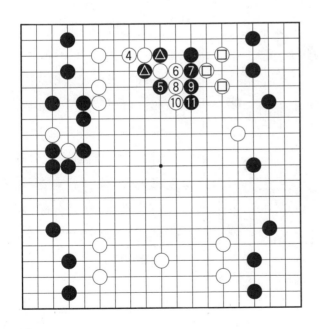

图 7

图7（穿透大成功）

白4，应用"扭十字长一边"的格言长出之际，黑5打吃，白6不得不逃出，黑棋顺势黑7冲，用手筋**"穿透"**白棋，使其成为**裂形**。

把黑△和黑5忘掉吧，放手去攻击白▢，黑棋获得极大的成功。

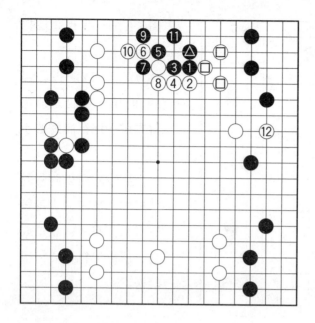

图 8

图8（笨重的腾挪）

黑1，一步挨着一步地出动黑△，贴在棋子又多又强的白□身上，是**笨重的腾挪**。

白2封住出口，黑3开始进行到黑11，尽管可以活棋，却让外面的白棋得到加强。

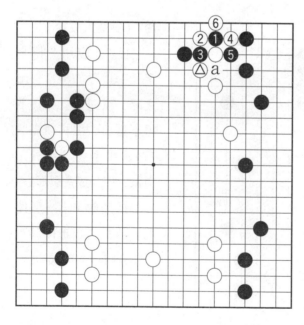

图 9

图9（鲁莽的挑战）

作为下手的对局心理，当出现弱棋的时候，就想着赶紧去和周围的同伴联络，白△之后，黑1进行到白6，黑棋失败。如果没有白△的话，黑a可以分断白棋。**让我们去狙击对方的弱点吧。**

专栏 第一感

在围棋术语中，"第一感"是经常使用的词汇。

"感"这个字，也有人写成"勘"或"观"，到底是哪个好我也不知道，这里我姑且就用"感觉"的"感"吧。

"第一感"就是指**盘面看到的瞬间唰地闪现出来的一手**，也是**对方下出一手之后最初想到的应手**，一般来说，也称其为**"第六感""直感""直观"**。

棋士中有这样的人，在对方下出一手棋的瞬间，**自己的手就不由自主地伸向棋盘走出了下一手**，这种人绝对是强者，"感觉"的重要性由此窥见一斑。

人的能力（脑力）是非常了不起的，拜长年的经验和修炼所赐，在条件反射的作用下一旦感觉到了什么之后就会下意识地有所反应。

不可思议的是，**长考或深思熟虑之后，最后决定下出的一手，很多场合居然就是"第一感"的那一手**（当然不是绝对的）。

这就是所谓的**"愚蠢的长考跟歇工一样"**，不管怎么长考，能不能想出好棋来先放在一边，很有可能会出现**优柔寡断、围着思考打转转、看到不安的材料后思考偏向消极的现象**。

更加重要的是，除了对于唰地感受到的东西就要率直地去听从、执行之外，**加强自己的决断力，无论什么结果都率直地在内心里接受，通过反省活用到今后的实战中**。

慢条斯理思考出来的结果如果依然失败，悔恨不已的心情就会更加强烈。

不过，不做任何努力和学习，就不可能有出色的"第一感"。

关键就在于，**养成出色的"感觉"需要日常踏踏实实的思考和学习，不断地进行磨砺，在实战中去感受，逐步培养出"感觉"来**。

下面的名言或许对我们有所提示，特记于此：

"机会只留给有准备的人。"

"赢了有不可思议的赢法，输了却没有不可思议的输法。"

"幸运女神没有刘海。"——要想抓住跑过身边的女神，机会只在一瞬间。

专栏 时间和贴目

数千年来，围棋的规则几乎没有变化，只是到了近代才迎来了巨大的变革。

首先是**下棋的时间**，在使用计时钟限定双方下棋时间之前，一直是下多长时间都可以的**时间无限制**。

争棋或赌一门兴亡的生死决斗要连续几天才能够决出胜负。

特别是江户时代的**御城棋**，在德川将军亲临现场公布世袭名号之际，要事先开始对局（因为不能让将军长时间等待），这期间无论发生什么事情都不能离开御城，于是就有了**因为下棋父母去世也见不到一面**的说法。

当然，这个意思绝不是沉溺于下棋傻到连父母的死都置之不理。

随着时钟的发明和进步，以及日程安排等因素，开始规定对局的时间，所以，现在主流是每个人都要在规定好的时间内对局。

另外一个就是"贴目"。

日语用了"込"这个汉字，意思就是**对一方的实地掺入规定的目数进行计算**。

棋力强的人和棋力弱的人对局时，用贴目也可以调整棋力的差别，而用得最多的就是**"分先"**的对局。

因为围棋是黑棋先走，所以黑棋先行有利。

因此，棋手实力一样的场合，就会在复数对局的前提下一盘黑棋一盘白棋轮流对局，这种"分先"的下法就是为了公平。

但是，因为各种原因，当出现了必须是一盘决定胜负的时候，为了保证公平，黑棋就要拿出规定的目数给白棋。

然而，贴目出现之后，棋的内容就发生了变化，在没有贴目变成有了贴目的变革期，据说甚至有棋手这样说道："贴目棋非棋也"，拒绝下贴目棋。

另外，贴目的目数一开始是4目半，然而黑棋的胜率还是高一些，于是改成5目半，现在则是6目半（中国已经改成7目半）。

那么，将来的贴目又会是多少呢？

第 5 章

对杀

棋盘上的棋子各自都有强弱之分，彼此在攻击和防守的攻防中进行战斗，其中，同样都是**弱棋的双方处于你死我活的搏杀状态时，就叫作"对杀"**。

这个道理就和生物界的"吃还是被吃"的"弱肉强食"一样，如果不吃掉对方的棋子，己方的棋子就会被吃掉。

为了更准确地得出"对杀"的结论，就需要学习"死活"（死活题）和"官子"（目数计算）的知识，提高计算（思考）的精度，这样，对杀的水平就可以得到提高。

希望大家能够掌握到对杀的要领，在实战中开花结果。

首先，形成对杀的条件：

- **双方的棋子接触、纠缠在一起。**
- **双方的棋子都被对方的棋子封锁。**
- **双方的棋子都没有两只眼以上（一只眼以下）。**

双方的棋子接近或接触在一起，并处于无法向外面出头的封锁状态——这一点很重要。

如果，黑棋和白棋的棋子各自都处在宽广的地方，彼此互不妨碍、悠然自得，一时半会儿打不起来，那也就不叫对杀了。

同时，已经有了两只眼活透了的棋子，不用担心死活，也就没有对杀的问题了。

所以，**被对方包围且没有活的棋子相互纠缠在一起时才能形成对杀的局面**。

对杀时应该注意的是：

- **看清对杀的主体。**
- **对杀棋子的气。**
- **收气的急所和顺序。**

现在我们开始看一下**图1**吧。

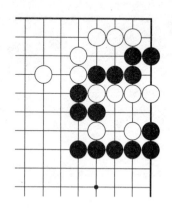

图1　黑先

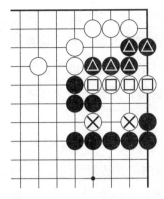

图2

首先，我们应该把目光落在正在对杀的棋子的主体身上，分清主干和枝叶。**主体就是和对杀直接联结在一起的棋子**，根据这些棋子的命运决定了对杀的结果。

我们可以这样想：**"主体＝重要棋子""枝叶＝残子"**。

拿图2来说，黑▲和白□是主体，白⊗是枝叶。

因为枝叶的白⊗和白□没有联络在一起，即便黑棋吃掉白⊗，也救助不了黑▲。

对于黑棋而言，白□才是问题的关键，是白棋的主体（重要的棋子）。

其次，主体的"气"也是非常重要的。

棋盘上的棋子一旦没有了"气"，就会被吃掉，如果能够让对方的棋子先于己方没有气，己方的棋子就可以活下来了。

对杀时，**对于"气"的思考方法是，数一数对方吃掉己方需要几手棋。**

棋子的"气"，并不是看上去那样只是从棋子身上伸出来的线的数量（一颗棋子可以伸出四条线，就是有四口气），根据场合的不同，如**"形""盘端（角部）""棋子的强弱""眼形""中手"**等，气的数量就**会发生变化。**

对杀之际，攻防的两大要素就是：

• **减少对方的气去吃掉对方。**

• **延长己方的气让对方不容易吃掉己方。**

我们来看图2，数一下就知道，黑▲有四气，白□也有四气。白⊗则是枝叶，与主体无关，可以置之不理。

在对杀时，气长的一方肯定有利，而如图2那样，双方的气都是一样的时候，那么，先手必胜。

同时，在考虑"气"的时候，一个重要的因素不能忘记，那就是**"外气"和"公气"。**

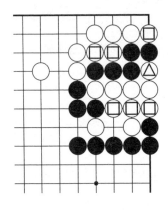

图 3

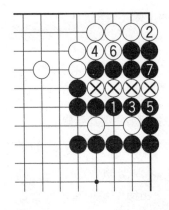

图 4

围棋术语里有一个词叫"驮目"，它有两个含义：一个是指和实地没有关系、没有目数的地方（单官），引申到日常用语里，就是不行、白费、徒劳的意思；另外一个含义就是"气"。

我们常说的一句话就是"紧气就是紧命"，非常生动地表现出了气被紧住的恐怖。

对杀时，气有两种：**一种是"外气"，就是一方棋子单方面的气；一种是"公气"，就是双方棋子共有的气。**

图3，▢就是各自本体的"外气"，△则是黑白双方共同的气，即"公气"。

格言说：**"紧气要从外气开始"**，缩短对方的气进行攻击的时候，**如图4**那样从外面开始收气最佳，最后进行到黑7，可以吃掉白⊗，黑棋在对杀中取得了胜利。

需要注意的是，如果黑1、3、5先从黑7的公气开始收气的话，**在紧住了对方的气的同时，也紧住了己方的气，结果反而被吃了。**

紧气的时候，顺序非常重要。

这里所讲述的有关对杀的基本思考方法，都很容易在围棋书和问题集里学到。

但是，**在实战中真正需要思考的重要事项，在大多数围棋书和问题集里几乎都没有涉及，我将在这里向大家讲述。**

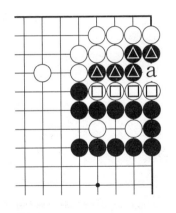

图5

我要讲的就是，现在进行的战斗中的对杀的价值（目数）到底是多大？

对杀就是"不是吃掉就是被吃掉"，就像第71页所讲到的那样，"战斗是有着不同的规模的"。

棋盘上各个地方都有着各种各样的战斗，好点也一定会有很多。

围棋的**每一手**都是有价值的，如果每手棋都能够优先选择到价值最高的一手，就可以越来越接近胜利的终点。

比如，**在付出同样劳动的前提下**，我们就会选择更好的工作（高工资、有价值、社会贡献等）。

同样的道理，判断棋盘上的工作价值的大小，最简单的方法就是用**出入计算**来判断**实地的增减**。

由于围棋是两个人的游戏，**某个地方，己方走到能够得到多少，反过来，对方走到又能够得到多少，其差额（得失相加出入的目数）就是那个地方的价值。**

图4，在黑7落子之前，**图5**，a位这个地方的价值就是，黑a吃掉白◎，黑棋实地8目，白a吃掉黑▲，白棋实地10目，加起来是18目。

问题在于，a位的这手棋，**实战中或许还有其他更好的地方，现在是否就一定要走在a位，需要和其他的地方进行比较。**

围棋的对杀结果，一般分为以下四种形式：

- 己方获胜，对方被吃掉。
- 形成打劫（未解决）。
- 双活（双方都是活棋）。
- 对方获胜，己方被吃掉。

这里必须要注意的是，就像前面刚刚说到的那样，"问题（局部）和实战（全局）是不一样的。"

如果仅仅是问题，在对杀中吃掉对方后就达到了目的，问题得到解决的同时也就结束了，然而，在实战中，对杀分出胜负之后，棋局还在继续。

左右一局命运的双方大龙的对杀姑且不谈，**局部对杀的结果肯定是不能决定一盘棋的胜负的**。

就像那句**"吃了也不赢"**的话所说的那样，吃了一些棋子就觉得这盘棋拿下了，那是不行的。

有时候，对方很可能是在预定对杀失败的前提下进行对杀的，这就是**"弃子"**。

即便棋子被吃掉，但如果由此可以获得下面所示的利益，那就是"吃小亏占大便宜"：

- 得到外势和厚势。
- 己方的棋子占据了好点。
- 得到先手（可以在其他地方有所得）。
- 让对方吃棋花很多手数。
- 残留着劫材、先手便宜的要点、余味、后续手段等。

这就是围棋有趣的地方，请爱好者能够记住——如果能够从一心一意想着吃棋、满足于吃棋上升到学会享受弃子的喜悦，感受到"让对方不吃也要吃"的快乐，那你就有了长足的进步（希望大家能够做到）。

首先，面对问题仔细思考，逐步掌握**对杀时取胜的要领**；其次，判断**对杀的价值，计算全局中的优先顺序**；最后，**通过弃子得到利益**，或者**保留不动（暂且离开这个地方）**，留下劫材、先手便宜的要点、余味、后续手段——让我们去感受围棋的深奥所带来的快乐吧。

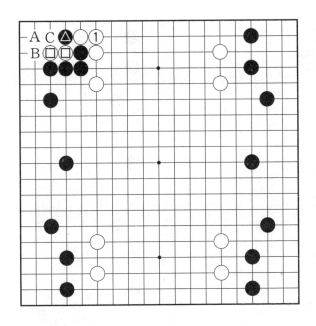

问题图

　　第56页图8中的白6，白1粘住防守，黑▲和白▢形成对杀的局面。

　　棋子在交战时，一旦出现了弱子，就很容易形成"对杀"，有些人在开战前就举起白棋，将同伴弃之不管。

　　要知道，最令人可惜的就是，本来明明可以救出来的同伴却被敌人吃掉、本来明明可以吃掉的敌人却被逃掉。

　　当双方的棋子都被切断被围住形成"对杀"时，首先要做到的就是冷静下来，数一数双方的棋子都有几口气。

　　如果对方棋子的气明显多于己方，那被吃掉也是无可奈何的事情，如果发现己方的气好像更多、敌人和己方的气差不多，那就战斗起来再说。

　　即便战斗的结果是被敌人吃掉，**原因有可能是一开始挑起战斗本身是错误的，**不过，从实战中得到的教训可以作为教材，比如反省在战斗中自己失败的地方、对方的妙手让我学了一着等，为今后的进步积累经验。

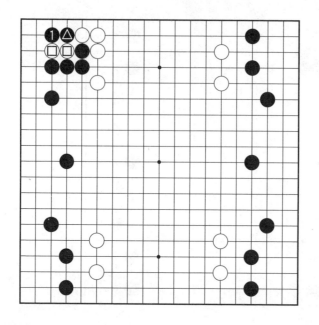

延长己方的气
·
减少对方的气

图1

让我们先从一个简单的问题开始吧。

问题图的局面，黑▲一子有两气，白⬜两子也是两气，双方的气都一样，胜负是五五开——我们在第131页已介绍过，对杀之际，攻防的两大要素就是：

• 减少对方的气，吃掉对方。

• 延长己方的气，让对方不容易吃掉己方。

现在，问题图的局面是轮到黑棋行棋，对杀黑棋胜也是必然的。

在围棋中，像"对杀"这样，"目的"和"结果"非常明确，只有"正解"和"不正解"的情况是非常少见的。

现在这个局面，黑1是正解。

黑1这手棋，与黑▲延成三口气，还紧了白⬜两子的气使其只剩下一口气，一石二鸟，其效果是让问题图中同样是只有两口气的对杀变成对黑棋有利的状况。

对于稍微有点围棋知识的人来说，也许会觉得这是再简单不过的事情了，这里，我要强调的需要我们再认识的重点是，**在对杀（棋子的强弱）中一定要认真数一数双方都有几口气。**

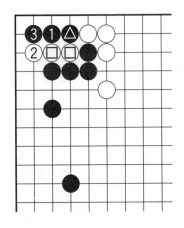

图 2

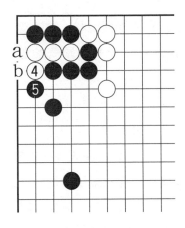

图 3

图2（和公气不一样）

白2长，增加了一子，将被打吃只有一气的白□增加到三气，然而黑3也长，并与黑▲、黑1牢固地连接在一起，3个黑子增加到四气，此时，也将白棋三子紧成二气。由此可见，黑3是**"对杀的急所"**。

黑1、3的地方，看上去有点像在第132页解说双方的"气"时所说的"公气"，其实不然，黑棋在这个地方并没有减少己方的气，而是**在延长己方的气的同时还紧了对方的气**，所以不是"公气"。

这里的差别比较微妙，和第132页图4中黑7的地方认真比较一下就可以明白。

图3（赶向盘端边线）

在对杀时，减少对方气的基本思考方法有以下三个要点：

• 把对方的棋子赶向盘端边线。

• 把对方的棋子赶向自己有伙伴的方向。

• 不让对方的棋子和其他气多的棋子联络。

白4逃，黑5在二线挡住是紧气的最佳手段，防止了白棋逃往外侧宽阔的一面，**把白棋赶向盘端的边线**，对杀黑胜。

白棋四个子现在只有两口气，面前就是盘端边线，已经无路可走，白a或b都不能延出气来。

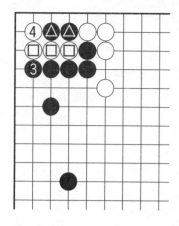

图 4

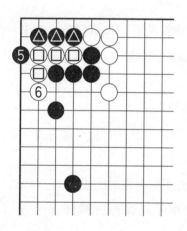

图 5

图4（对杀的急所）

图2中的3如在黑3挡紧气，白4拐，不仅将白四子的气延长到三气，也将黑▲两子紧成只有二气，是对杀的急所。

白棋三气多于黑棋二气，也就是说黑棋差一气被吃。

这里，黑棋如果能够用"手筋"来延气，或紧住白棋的气，那当然是再好不过了，可惜的是，这个场合下，似乎找不到能够起死回生的手筋了。

对杀的时候，**深度计算固然必要**，但是，更重要的还是首先要**把握现状，数清双方都有几口气，找到可以延气或紧气的急所。**

图5（逃向开阔的地方可以延气）

图3中的5如本图黑5，在一路收气，白6在二线逃出后，和白囗一起白五子增加到四气。

图3中的白棋只有二气，也无法再延气，到了图5却变成了四气，所以，如果**前面不是盘端的边线而是二线、三线的话，对杀的前景就很难预测了。**

黑棋的主体黑▲三子有四气，接下来又轮到黑棋行棋，当然是黑棋有利，和图3那样干脆利索地对杀比较一下就会一目了然。

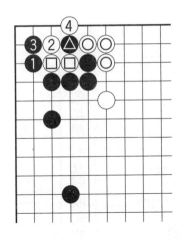

图 6

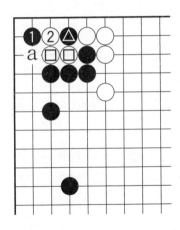

图 7

图6（攻击的方向反了）

黑1扳住，白〇二子只剩下一气，形成被打吃的状态，白2逃出后，白三子只有两气，看上去比图2的攻击更加严厉，然而，由于黑▲只剩下一气，成为弱子，所以，**黑棋攻击的方向反了。**

黑3即便打吃白二子，白4可以先将黑▲吃掉，对杀以黑棋失败告终。

本来，图1～图3，不仅救出了黑▲，还吃掉了白〇，黑棋在角上得到了10目左右的实地，现在，本图中，不仅白〇得以生还，还吃掉了黑▲，得到了3目，里外里出入黑棋损了10目以上。同时，外侧的白◎也得到了加强，对今后的战斗将产生影响。

图7（与气无关的一手）

黑1这手棋没有紧住白〇的气（a位和白2位），也没有增加黑▲的气。

对杀之际，这种和双方的气都没有关系的一手，没有参加到战斗中来，很容易成为"缓手"（手筋例外）。

白2冲，将黑▲和黑1分断，白〇的二子和白2虽然还是只有二气，但是黑▲只剩下一气，处于被打吃的状态，对杀黑棋失败。

如果白2在a位方向冲，试图将黑▲和黑1都吃掉，那就过于贪婪了，黑2位粘住，对杀再次逆转，白棋反被吃掉，黑棋胜出。

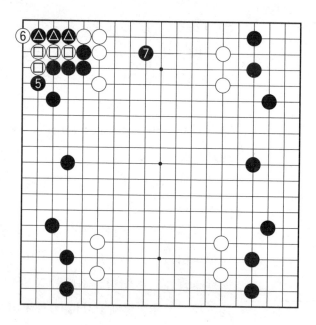

看清胜败结果时立即脱先它投

图 8

　　图3中的黑5，这个时候，黑棋在对杀中已经取得了胜利，如果白棋不甘心，白6继续行棋，黑棋该怎么办呢？

　　这种时候，不要一看到对方落子随手跟着就应，而是要去认真数一下双方都还有几口气。

- **确定己方气长，胜券在握时脱先它投。**
- **确定己方气短，败局已定时脱先它投。**
- **双方的气差不多一样无法确定胜败时，继续对杀。**

　　即便白6继续行棋，黑▲三子有三气，白□四子只有二气，是黑棋有利的状态。

　　一旦确定这个局面的对杀已经胜券在握，就没有必要继续跟着对方行棋了。

　　黑7可以从容地先行占据好点。

　　当白棋确定己方败局已定的时候（图1～图3、图8），就应该赶紧放弃转向其他地方。

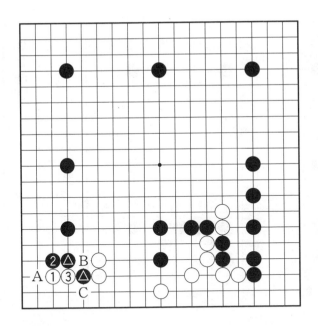

问题图

第109页的问题14，白3的话，点入三三的白1将被吃掉，现在，本图的白3挤一个，在威胁黑▲的同时希望救助白1，这种过于贪婪的手法常常为高手所用。

但是，白3过分了，黑棋迎来了机会。

对了，知道"百闻不如一见"这句话的人一定很多，但是后面的话大家知道吗？

"百闻不如一见，百见不如一考，百考不如一行，百行不如一果。"

按照我个人的理解，这几句话的基本道理也同样适用于围棋。

只是听说是不行的，要实际看到才是重要的。只是看到是不行的，要在自己的头脑中进行思考才是重要的。只是思考是不行的，要行动起来才是重要的。只是行动是不行的，得出结果（哪怕是失败的结果）以便今后灵活运用是必要的。

对杀也是一样的，仔细看清，认真思考，落实到实际的行动中，得出结果。

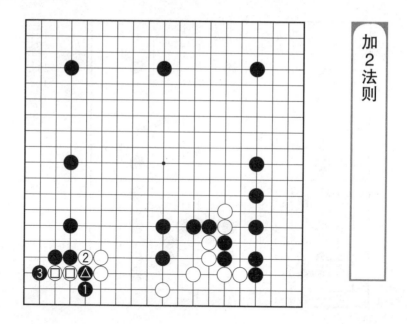

加
2
法
则

图 1

黑▲一子有"毛病"的场面，黑1立下，延气的同时**将左右的白棋分断形成对杀，是严厉的一手。**

黑▲一子本来只有二气，黑1增加一子成为二子后，就有了四气，这里的要点就是黑棋多出了二气。

我自己给它起了一个名字叫**"加2法则"**，意思就是，**"己方的一手棋（一子）可以增加两口气以上的话，基本上都是好手。"**

在对棋盘上的棋子做强弱分析时，最重要的判断依据就是"气"。气越多越强，气越少越弱，如果没有气了，就要从盘上拿走了。

己方的一手棋如果能够增加两口气，由于对方的一手棋只能减少己方一气，二减一，己方就多了一气。

即便白2断，黑▲和黑1还有三气，跟原来只有两口气的黑▲相比变得更强了。

接下来，黑3扳是攻击白⊡的急所。

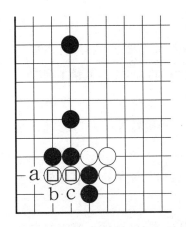

图2

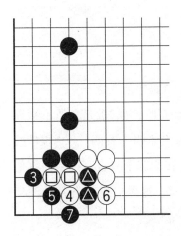

图3

图2（敌之急所即我之急所）

为什么我们要说图1中的黑3扳是攻击白⊡的急所呢？现在证明给大家。

黑3之前，图2中的白⊡二子有a、b、c三气。

就和我们在前面讲的"加2法则"的道理一样，气越多越强，白⊡二子如果要延气的话，一手棋能够延出（增加）最多气的地方就是急所。

- 白a位有五气（增加两气）。
- 白b位有四气（增加一气）。
- 白c位有三气（增加零气）。

这样，我们可以看出，a位是最要紧的急所。

对方希望走到的急所对于己方来说也是急所，所以就有了格言**"敌之急所即我之急所"**。这句话的重要性还阐述了这样一个道理，那就是，**当己方不知道走到哪里最好的时候，就可以反过来思考一下，哪里是对方最希望走到的地方。**

图3（把对方的棋赶向自己有伙伴的方向）

黑3，急所一击，白⊡二子只有二气，白4不得不去紧黑▲的气。我们在第137页介绍过棋子的攻击方法，**"把对方的棋子赶向盘端边线""把对方的棋子赶向自己有伙伴的方向"**，现在的状况恰好是这样，白棋延不出气来，还是二气。

黑5打吃，黑7，对杀胜出。

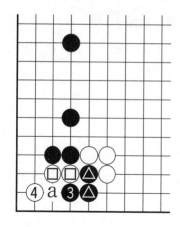

图 4

图4（间接延气的妙手）

如果图1、图3如本图，黑3没有占据急所，将黑▲的气增加到四气，也紧了白◎一气使其成为二气，也可以说是个急所，不过，这里白4尖，间接延长了白◎的气，是**"妙手"**。

"妙手"的意思，就是比手筋还要漂亮的出人意料的一手。

如果白4平凡地在a位挡住，黑棋就有了**黑4位夹的手筋**，这样，黑▲和黑3有三气，而白◎和a只有二气，对杀黑棋胜定，请大家自行确认。

图5（"角上的2·1是急所"之一）

图4之后，黑5打吃，黑7扳是急所，猛地一看黑▲和黑5的主体四子有四气（黑7是枝叶），而白◎和白6的四子只有三气，白棋似乎没有赢面，然而，这里白棋却有各种漂亮手段。

前面说"黑7扳是急所"，正好体现出格言所说的**"角上的2·1是急所"**。

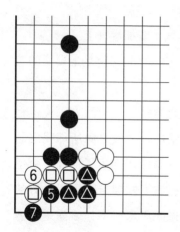

图 5

"2·1"就是**棋盘上表示位置的坐标**，最角上的叫"1·1"，旁边的就是"2·1"，再旁边的则是"3·1"。

可以将**棋盘上的坐标想象成表示住所的编号**。

为什么说2·1容易成为急所呢？因为这和它旁边的角1·1有关。下在1·1这个位置上，只有二气，可以说是棋盘上最不愿意落子的地方。

对方不愿意落子的地方旁边的2·1，则是比看上去更不容易被吃掉的强子。

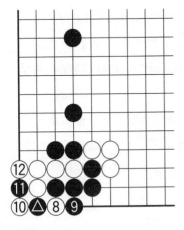

图6

图6（角上的魔性）

但是，"敌人也不是等闲之辈"，准备了比黑△的急所还要漂亮的手筋。

那就是白8、10连扑两手，让黑棋不得不黑9、11提子，让下在2·1急所的黑△效果减半，形成了劫争。

这是一个需要花费手数才能解决的非常麻烦的劫争，我在这里就不多做解说了，因为有着图5、图6这样"角上的2·1是急所"，可以做劫进行顽强抵抗的不可思议的手段，所以也有人称其为"角上的魔性"。

让我们去体会角上这些匪夷所思的变化和手段所带来的快乐吧。

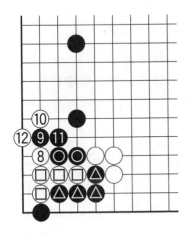

图7

图7（破网而出）

做题和实战是不一样的，图5的时点，角上和白◎进行对杀的并不仅限于黑△。可以看到，外侧的黑●也不过三气，并没有多强，白8、10好手，于是也就产生了冲出黑棋包围网的可能性。

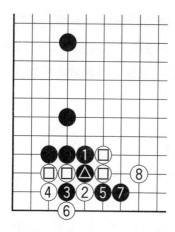

图 8

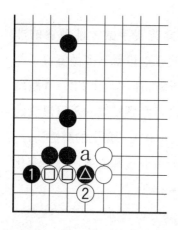

图 9

图8（坐失良机）

黑1粘劫是出于对黑△安全的考虑，白2应，结果是如图1那样，"漂亮"地避开了分断白棋的机会。

即便黑3到黑5切断了白棋，但是，切断的一子因为气紧反而被白棋吃掉了。

黑棋的本意是切断白棋，我特意用了很妙的"漂亮"一词，**图1中的黑1将左右两个白子（图8中的白囗）分开（图1中的黑1）的形状，与图8中黑3、5像锯子一样锯齿般凸凹不平的姿态相比，可以说是完全不同的**，我想大家从气氛上就能够感觉到。

图9（老老实实应一手）

黑1扳，紧住了白囗的气，白2就**渡过，老老实实应地一手，白棋全体联络**。

白2如果贪婪地在a位切断，被黑2位立下，回到了图1，白囗再次面临危机。

黑1的时点，白囗是二气，黑△也是二气，这时，**对局面进行冷静的判断非常重要**。

前面开头时提到了"百闻不如一见，百见不如一考，百考不如一行，百行不如一果"，其实这句话后面还有两句，那就是，**"百果不如一幸，百幸不如一皇"**，意思就是，只有成果、效果是不行的，要和幸福、快乐结合在一起；只有自己的幸福和快乐是不行的，要像君临天下的皇上一样考虑到天下人（整个棋盘）的幸福和快乐。

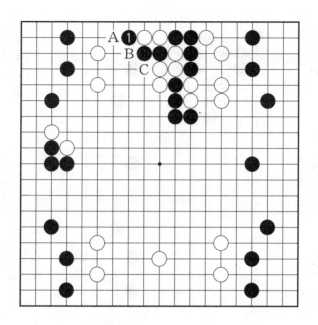

问题图

围绕"幸福"，有个很有名的古谚——

"如果你想幸福一天，就去喝酒；

如果你想幸福三天，就去结婚；

如果你想幸福七天，就去杀头猪来吃；

如果你想幸福一生，那就去钓鱼吧。"

据说热爱钓鱼的作家开高健先生经常引用这段话。

如果开高健先生会下围棋的话，是不是就会说，"如果你想幸福一生，那就去下围棋吧。"

千古无同局，围棋的每一局都不一样，都会出现新的局面，永远不会令人厌烦。

对杀和手筋也是如此，很多看上去似乎一样的形状，其实是有着微妙的差别的。

第115页的黑10，在本图中黑1扳下，让我们站在白棋的立场上来思考一下。

请找到那条通往幸福的路。

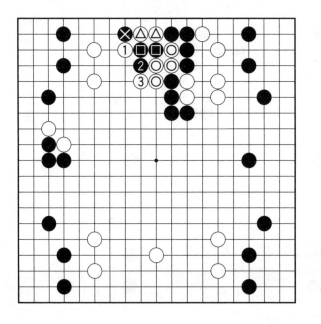

图 1

棋子相互纠缠在一起进行**对杀之际，分清主体（重要的棋子、棋筋）和枝叶（残子）是极其重要的。**

黑■和黑⊗将白△包围、压制在里面，白1断是关键的一手。

这里，**黑■二子是主体，也就是"棋筋"**，最为重要，因为这两个黑子将白◎、白△、白1切断成三块。

黑2拐，逃出棋筋■，这时，对于白棋来说，白◎、白△、白1急忙择路而逃不可取，而瞄着切断白棋的黑棋棋筋进行狙击。

狙击对方棋子的时候，也必须考虑己方的棋子哪块最重要。

白1和白◎相比，显然白◎更为重要，于是白3追击黑棋的棋筋，方向正确。

在接触战中，分清"主体"和"枝叶"的一个方法就是，纵线和横线上连接在一起的同伴就是主体，比如本图，白棋的白◎和白3就是主体，而黑棋的主体就是黑■和黑2。

只要这样冷静地进行判断，分清主体并不困难。

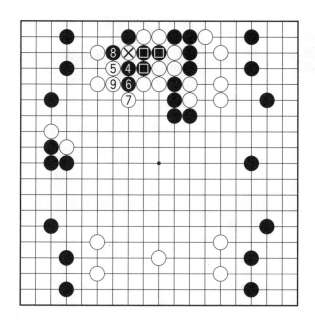

图 2

图2（弃子滚打）

图1的继续，黑4接着逃，白⊗即便被吃也无所谓，因为是枝叶，所以不管被打吃的白⊗，白5是重要的一手，紧住了黑棋■主体的气。黑6冲，白7封住，黑8后，白9弃子滚打。

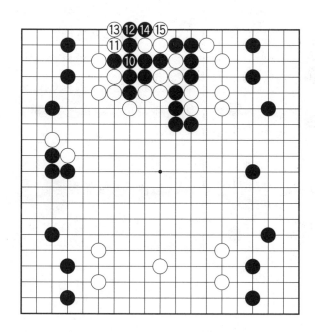

图 3

图3（滚打包收）

黑10粘住，黑棋全体虽然都联络在了一起，但却气紧，形状成了一团饼。白11开始紧气，追杀到盘端底边，对杀白胜。图1开始的一连串攻击，就叫"滚打包收"。

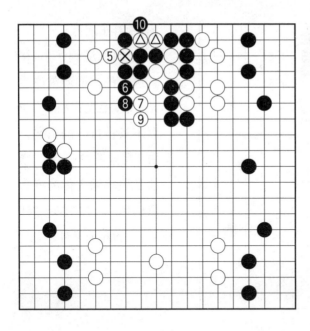

图 4

图4（逃出）

图2中的白5，如本图白5救出白⊗一子，黑6、8出头，然后黑10，吃掉白△这两个将黑棋分断成三块的棋筋。

如此一来，白棋四分五裂，根本不行。

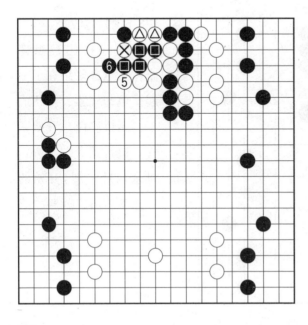

图 5

图5（帮助对方延气）

另外，如果白5从这边紧气，被黑6在急所长出，主体的黑■得以延出三气。白⊗有一气，白△有二气，对杀以白棋失败而告终。

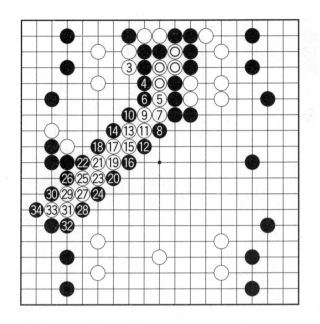

图 6

图6（主体被吃）

白3，追击黑棋，黑4逃出，白棋的主体白◎只剩下一气，成为被打吃的状态。白5如果再逃，成为征子被吃。

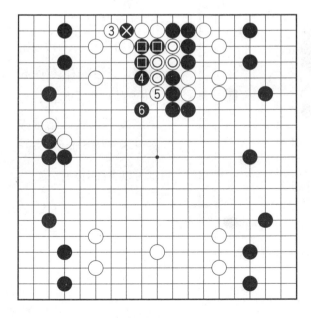

图 7

图7（枷吃）

白3如果去吃黑⊗一子，黑4，在救助棋筋黑▣的同时还攻击白◎，是一石二鸟的好手。

现在，黑▣的气数增多，当白5长时，黑6可以枷吃住白棋。

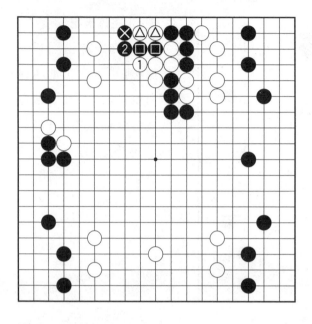

图 8

图8（帮助对方延气帮倒忙）

白1长，追击黑⬛主体，黑2粘住，和黑⊗取得联络，一下子有了四气，成为强子。同样是"白走一手、黑走一手"的下法，和图1中的黑棋相比差出二气，可以用差别巨大来形容了。

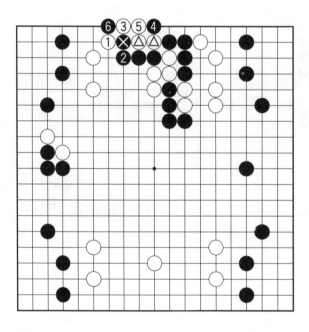

图 9

图9（无法渡过）

白1尖顶，一边攻击黑⊗，一边瞄着2位断和3位渡的见合，然而，**盘端底线不长气，结果被吃了个"接不归"。**黑2也可以下在4位或5位。

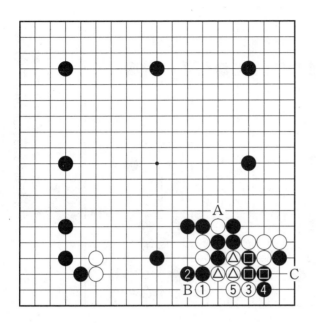

问题图

第16页图5之后，白棋为了延出白△的气，力争在和黑■的对杀中取胜，白1～白5出动。

大家在观看高手下棋时，经常会出现这种情况，"为什么明明可以吃掉的棋却不去吃？""为什么原本可以救出来的棋却不去救？"

这其中的道理就是：

· 因为是没有价值的棋（有其他更好的地方）。

· 因为如果去吃棋对方所得更多。

· 因为营救出来损失会更大。

也就是说，**一旦拘泥于眼前的所得（弱子的动向）就会丧失得到更多的机会（反而损失了）。**

特别是在对杀中双方的棋子纠缠在一起的时候，区分重要的棋子（大块棋、棋筋）和没有价值的棋子（小块棋、残子）是很困难的事情。

因此，我们要学会不拘泥于眼前的损失，以更大的视野俯瞰全局，尽力拉开作战的幅度。

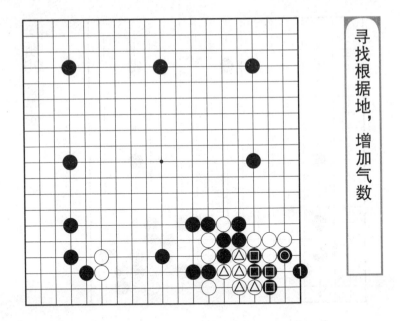

寻找根据地，增加气数

图 1

右下角双方棋子纠缠在一起，已经都被封锁在里面不可能出去，眼位也不清晰——黑●四子和白△五子，对双方来说都是非常**重要的弱棋（对杀的主体）**。

这里所说的"重要的弱棋"就是指：

- **大块的棋子（吃掉后实地大增）。**
- **关系到和周围棋子的联络（棋筋）。**
- **对今后的作战和发展性非常重要。**

之所以说黑●是重要的棋子，是因为一旦被白棋吃掉，白棋不仅得到了极大的实地（约20目），白△还和右边的白四子联络到了一起，变得强壮无比，在今后的作战中就会轻松从容（黑棋就会紧迫）。

白△也是如此，是白棋重要的棋子，因为一旦被吃掉，黑棋将得到不小的实地，周围的黑棋也都全部联络到了一起，可以安心地进行后面的战斗。

黑1，第一步，配合黑◉，不仅占据了根据地的要点（眼形的根源），也增加了黑■的气数，成为对方不容易吃掉的强棋。

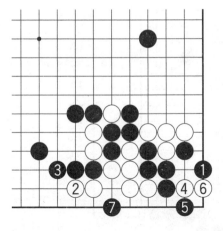

图 2

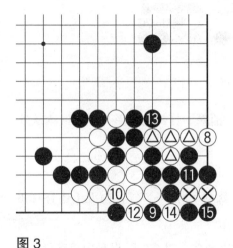

图 3

图2（眼形的急所就是气的急所）

白棋和黑棋一样，白2向右边爬一手，既增加了子力，也是**延气的好点**。

为什么说是延气了呢？那是因为，有时候，**棋子的增加只是"单纯的延气"**，跟眼形无关，而如果能够将增加的棋子在延气的同时还能够有利于形成眼形的空间，那岂不是两全其美。

"眼形"又是什么？"在一个地方有很多棋子的场合，为了让对方不能下子（很难下子），从形状上看，气好像并不多，但是，实际上对方来紧气吃棋时，却需要花费很多手棋"——这就是扩大眼形的好处。

白4和黑7，都是特别重要的地方，是"眼形的急所"，对于气数来说起到极大的作用。

图3（穿鞋不能进）

角上的黑棋虽然只有一个眼，但是，**利用了眼形和盘端底边的特性，使得白棋没有直接紧气的手段**，于是只好从远处迂回，白8和白12从外围收气。

这种不能直接紧气而不得不多花费几手棋的情况，就叫"穿鞋不能进"。

就好比日本人进到家里之前要先在玄关停一下，要有一个脱下鞋子换上拖鞋的过程，也就是需要花费一些精力和时间，不然就进不了家。

白12之后，黑13变更攻击路线，开始瞄着白△。对白14，黑15提掉白⊗……

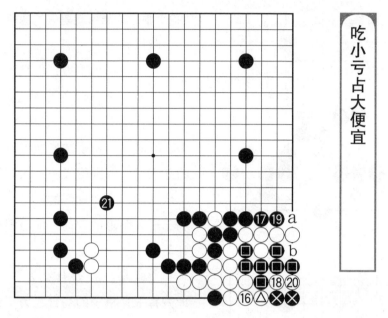

图 4

图3之后，白16粘住，救回白△一子，消除了打劫的棋形，黑17继续从外围收气。

白棋对黑■的攻击也不是从b位紧气，而是白18收外气。

然后黑19，白20吃掉黑✕二子，黑棋就剩下b位一口气，白五子还有a和b二气，对杀白棋一手胜。

到这里为止，手数越多，途中的变化也越多，对杀的结果是白棋获胜。

那到底是哪方"得"了呢？

白棋的实地20目左右，黑棋得到的便宜恰如第134页所说的那样，"吃小亏占大便宜"，实际上黑棋占了大便宜。

- 得到了外势和厚势（黑17、19）。

- 己方的棋子占据了很多好点（黑17、19、21）。

- 得到先手（在其他地方有收获，黑21）。

- 让对方吃棋时不得不花费手数（白16、18、20和将来的白b）。

- 留有"劫材""先手便宜的要点""余味""后续手段"。

例如，黑a位打吃，白b只能提，这就是留下的"先手便宜的要点"。

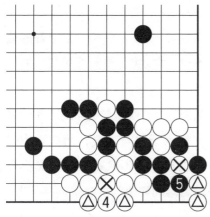

图5

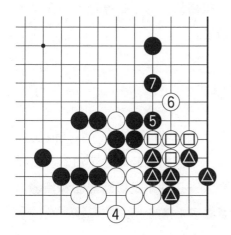

图6

图5（各自做活）

图2中的白4，如本图这样，白4占据眼形的急所，**黑棋就无法紧气吃棋了，白棋成活形。**

这样一来，黑棋也可以黑5占据眼形的急所活棋。

因为⊗的位置是**"禁入点"，成为对方不能落子的"眼"**，⚠的位置确保了"候补眼"。

于是双方各自做活，谁也吃不了谁了。

局部告一段落，转向下一场战斗。

图6（自由选择死活）

可是，**"问题"和"实战"是不一样的，**白棋在4位活棋，黑棋角上的棋子（黑▲）未必一定也要做活（跟是不是正解，是不是下得对无关）。

例如，有可能黑5下在这里，攻击弱棋白▢（没有眼形）。

如果白▢被封锁并做不出两只眼，也许就会形成对杀的局面。

更进一步，万一黑棋吃掉了白▢，就**省略了黑▲在角上活棋的一手棋，收获巨大。**

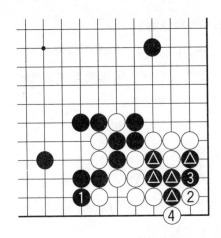

图 7

图7（被痛快地吃掉）

黑1挡，封锁住白棋，是极好的地方，不过，**白2夹，是紧住黑棋气的好手。**

黑3粘住可以和黑●联络，白4渡过后，黑六子只有二气，而对杀中另一方的白棋主体不只有二气，黑棋以**"干脆利落的死法"**被痛宰。

黑棋没有像图2～图4那样，做出眼形长出气，或顽强进行劫争，而是被白棋用最少的手数吃掉，实在是太可惜了。

图8（不是棋筋）

黑1提掉白⊗一子，面向中央"拔花"，是心情愉快的一手，但实际上，由于黑棋已经吃住了白△，白棋的白⊗一子并不是切断黑■和黑●的重要棋子（棋筋）。

我们换一个角度思考，如果白⊗逃出，黑■数子是不是陷于困境之

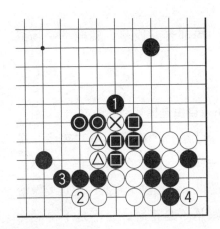

图 8

中？实际情况是，黑■不仅出头在外，也可以随时吃掉白△，高枕无忧，根本不用担心。

就在黑棋吃掉并不重要的棋子之际，白2～4吃掉黑棋大角，全体安心。

专栏 **计算**

职业棋手经常会被问道："你们职业棋手到底能够计算多少步棋？"

围棋中的"计算"，就是指针对盘面或问题图，在大脑中思考后面的变化，有这样的说法，"要想长棋，最少计算三手棋"。

也就是说，从眼前的局面开始，思考己方要下的地方→思考对方的应对→思考根据对方的应对己方的对策，这就是"计算三手棋"。

这里要注意的是，既要思考己方的棋，也要思考对方的棋，以及思考计算出来的结果未必就是正确的。

简而言之，思考的人不同，"计算"的质和量也就千差万别。

因此，对于这篇文章开头的提问，有的棋手的回答是，"一目千手（啪地瞄一眼就可以计算到一千手）"；有的棋手则是，"只要有时间，多少手都可以"；也有的先生这样回答，"一手都算不出来（不知道是不是好手）"。

另外还有重要一点的就是，对于"计算"来说，还有"宽度"（可能性）和"深度"的问题。

没有人对前面说的"一目千手"抱有怀疑吗？19路盘上只有361个点，怎么可能一口气计算出一千手呀？有这样的疑问是正常的。

我们从第一手开始举例说明，盘面361个点，选择一个地方落子，就是1/361，第二手就是1/360，第三手就是1/359。

像这样有落子可能性的地方或感觉是好手的数量就是"宽度"；同时，就像计算三手棋那样，四手、十手、三十手……继续不断地深入计算下去，这就是"深度"。

这样，计算总手数＝宽度×深度，一目千手也就并非天方夜谭了。

这里要强调的是，从宽度和深度去思考各种下法的可能性，积累经验，学会省略没有意义的计算。

为了做到这一点，让我们学会时常去思考。

专栏　棋盘的魅力

围棋的历史源远流长，悠久到我们已经不知道是谁发明出来的了。

有这样的传说，围棋是中国的皇帝为了教育不努力的孩子而琢磨出来的。

因为"宇宙流"而广为人知的武宫正树九段是这样认为的，"如此精彩的游戏一定是神发明的"。

还有，围棋发明之初到底是几路盘，现在也无法考证。

各种各样的说法都有，我的想法是这样的：最初就像井字棋（英文名叫Tic-Tac-Toe，是一种在3×3格子上进行的连珠游戏，类似五子棋）那样在地面上用木棒划出道道（线），随着规则的制定和技术的提高，诞生出了木质的9路盘。

渐渐地，人们觉得，"在更大的棋盘上应该更好玩吧"，于是就有人就将四个9路盘合成一个，成为17路盘。

中国古代出土的文物里就有17路盘，而有着浓厚的围棋原型味道的"藏棋"，至今依旧是17路盘。

那么，后来为什么会变成19路盘呢？据说，这是和古代历法的进步以及中国皇帝的权威有关。

"历"的重要性就在于它是皇帝统治天下的权威象征，棋盘19×19＝361目，应该是与一年365天有关系的。

19路盘的围棋是从日本开始输入到近邻诸国的，对各种文化和技术的宣传起到了一定的作用。

现在的19路盘制作得非常精美，内涵丰富，我们将棋盘一分为四，表现出一年的四季，而棋子的黑白，则寓意着"阴阳"。

另外，棋盘上的"星"位，就是天上闪烁的星星，而中心的那一颗特别的星被叫作"天元"或"太极"，受到格外的重视。

还有一个说法，那就是以前的有些棋盘，除了中心的天元之外，还有24颗星，表示24节气，盘端（1路）底线的目数是72，表示月令七十二候。

仅仅是一个棋盘，我们就可以从中看出围棋是多么的深奥。

第 6 章

死活

　　围棋的"死活"，诚如这两个字所显示的那样，是"死"还是"活"，表示出棋盘上棋子的命运。

　　死活有多种多样的形态及要素，我们首先介绍一下有关死活的基本思考方法：

- （最终）被对方提掉的棋子是死棋。
- 对方吃不掉的棋子是活棋。
- 被对方提掉最终还是吃不掉、留下来的棋子是活棋（中手和倒扑等）。

　　一直以来在解释死活的基本知识时，都会说"有两只眼就是活棋"，其实这只是活棋的一种形式，这样会造成许多误解，往往会成为"看错了""感觉错了""损棋的根源"的一个原因。

　　在入门阶段，由于老师像念咒语一样告诉学生"两个眼！两个眼！活棋要紧！"于是大家就会在脑海深处牢牢地记住"围棋是做两个眼的游戏"，明明已经有了三个眼，却偏偏把它做成两个眼，还高兴得不得了，"活啦，活啦……"每当看到这样的学生，悲伤之感不禁油然而生。

　　另外，还有很多老师甚至棋手会这样说："围棋的基本原理就是死活""不懂死活的话，你怎么下围棋"——其实，根本没有这回事。

　　反倒是在入门或级位阶段，越是教那些"死活""眼""假眼""中手"等知识，越会让初学者留下围棋太难了的印象。

　　那么，应该怎样做才好呢？我觉得，关键是要去下，**下到自己理解为止**，在棋盘上去实践，透彻地感受死活到底是怎么一回事。

　　从吃掉盘上一口气都没有的棋子开始，逐步探究、思考，**习惯成自然，渐渐就会理解"即便还有气但也是死棋""眼""假眼""中手"等死活的条件和要素**。

　　要想提高对于死活的计算力，一个行之有效的方法就是死活练习题，最好是先从简单易懂的死活题开始练习，然后循序渐进地去挑战有难度的。

　　死活的确是相当重要的，但是，过于难解的死活题会令人疲惫不堪，从**厌倦死活题**进而发展到**厌倦围棋**，结果则是鸡飞蛋打，本利全无。

现在，我们先从**实战中的死活**来思考，看看都有哪些重要的因素：

- **封锁和棋子的联络**。
- **家**（构成根据地、实地、眼形的基本空间）。
- **眼**（对手下不进去的实地里的房间）。
- **急所**（影响棋子强弱和眼形的地方）。

首先，当下面的场面出现时，**棋子处于被封锁且无法和其他棋子取得联络的孤立状态**，我们就要开始考虑到死活问题了。

如果是还有向外出头的空间的场合，或者是与己方其他的棋子还有联络的可能性，那就不需要考虑死活问题。

在实战中我们常常可以看到，明明没有被封锁，也还有跟周围己方棋子联络的余地，但还是担心是不是会被吃掉，于是赶紧在狭小的地方做眼，活得非常委屈。

两眼活棋其实是最后的手段，请记住，基本上来说，在狭小的地方行棋很多都是"损棋"。

然后是**"家"**。

一般而言，家的本意就是指屋内、住所，一个相对室外的安全生活的地方，也是自己的财产等重要物品保存的地方。

对围棋来说也是一样的，**家是活棋所必需的东西（空间）**。

具体说明的话，就是要有**"根据地"**或**"实地"**，这是为了确保眼形而需要的空间。

在死活的基本思考方法中，有一条是"对方吃不掉的棋子就是活棋"，由于**实地就是对方无法进来的空间**，所以，**一旦确保对方无法进来的实地，吃不掉的棋子就是活棋**。

另外，死活的正解虽然只有一个，与实地的大小无关，但是在实战中，死活的方法却是复数的，大多数都涉及实地的大小，与胜负有直接的关系，所以，我们努力的方向就是，**同样都是活棋，尽最大的可能发挥子效活得更大更舒服**。

两眼活棋是最"痛苦"的活棋方式。实战中，我们要努力营造丰饶的家园，舒舒服服地活棋。

　　"眼"是死活里最重要的课题，无论是说明还是理解，都非常困难。

　　首先，需要搞清楚"目"和"眼"的区别。**"目"是指棋盘的交叉点以及实地的目数，"眼"是与死活有关的实地里的家。**

　　"目"和"眼"，日语里发音一样，在围棋术语里意思也都差不多，不过，还是有微妙的差别。

　　前面说了，**"眼是实地里的家"**，打个比方来说的话，眼是在家里面打上隔断后做成的房间。

　　同样是很宽阔的家，如何设计、布局（分隔房间），最后的效果是完全不同的。

　　60平方米的面积，是只做成一个房间呢，还是分隔成两个房间，甚至是三个房间？房间的数量首先就有了变化。而同样是两个房间，是各自30平方米平均分配好呢，还是一个20平方米，一个40平方米好？也可以一个10平方米，一个50平方米……总之，有着多种多样的选择。

　　从攻击（打入）的一方来看，房间的数量越多，房间越狭小，也就越来越不容易打入了。

　　最小的1目就是1眼。

　　"2目"的实地，如果没有分隔，那就是一个房间，也就是一只眼，如果进行了分隔，成为两个房间，就是两只眼了。

　　"实地的目数（面积）"是和"眼的数量（房间数）"不同的，这一点很重要，即便构成了实地，自以为有眼了，对方肯定进不来了，这种麻痹大意的想法是很危险的。

　　对于死活的**"急所"**，简单来说，**就是与做眼有关的棋子的强弱和对能够左右房间分隔的场所。**

　　为了活棋，要点是：

• 加强己方棋子的力量（联络、延气）。

• 增加实地中的分隔。

　　为了攻杀，要点则是：

• 弱化对方棋子（分断、增加毛病、紧气）。

• 阻挠分隔。

掌握以上要点，吃掉对方的可能性就会大大提高。

• **以上，围绕着死活，对什么是活棋什么是死棋进行了说明，然而，围棋里还有一种状态叫"不死不活"（也叫"半生半死"）。**

对，这里说的"不死不活"，指的就是大家不擅长的**"劫"**。

在对杀的时候，每每会出现"打劫""死活和打劫"，它们有着不可分割的关系。

死活和打劫的关系如图所示，只有根据打劫的结果，才能决定棋子到底是"活"还是"死"。

初代本因坊·本因坊算砂在辞世歌里这样唱道："围棋打劫，死棋能活。人如死去，我也没撤。"——诚如斯言。

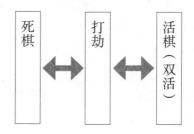

不依靠打劫而活的棋叫**"净活"**，也叫**"无条件活"**，反过来不打劫也是死的棋叫**"净死"**，也叫**"无条件死"**。

从不想被吃掉的一方来看，和"净死"相比，如果能够打劫的话，当然要好得多，因为毕竟还有一半活棋的可能性（黑棋和白棋死活的概率是1/2）。即便劫败死棋了，也可以通过"劫材"将死棋的损失弥补回来。

本因坊算砂的诗句的意思就是，我在棋盘上有自信可以做到不会"净死"，但是，对于人的净死，我是无能为力的。

另外，在一些死活题里，当得出了最后的结论是打劫的时候，这道题就做完了。然而，在实战中，一旦开始打劫，围绕着"劫材"的反反复复的争夺，复杂的攻防战要一直持续到最后的劫胜劫败。

打劫虽然是令人头疼的事情，但是也将围棋的妙味体现得淋漓尽致，希望大家一定去挑战，在棋盘上演绎一出"棋子死去活来的戏剧"，那该是件非常快乐的事情。

现在，我们把到目前为止有关"死活"的心得做一个总结：

活棋的场合：

- 避免被封锁，注意棋子之间的联络。
- 扩大自己的家（实地）。
- 占据急所（加强子力增加眼位）。
- 无法净活时力争劫活。

杀棋的场合：

- 注意封锁、切断对方的棋子。
- 缩小对方的家（实地）。
- 抢占急所（削弱对方子力，减少眼位）。
- 无法净杀时力争劫杀。

是否使用"杀"这个词，让我很是头疼。

围棋术语里有很多令人不安的词汇，比如"刺""欺负""破眼"等，我一直很注意不使用它们，但是，这个"杀"，因为实在是没有可以替代的其他表现方法，只好将就了。

开句玩笑，对这个在棋盘上凶狠得就像罪大恶极的前科百犯一样的家伙，不杀不足以平民愤。

最后，我要强调的是，**对于实战中的死活，判断围绕死活的棋子的价值和大小最为重要。**

每当出现了这块棋是活棋还是死棋时，不少人会觉得出大事了，于是就根本不再去看盘上的其他地方，其实，归根结底，**死活也是实地增减的要素之一**，仅此而已。

如果还有其他更大的地方，就可以先把眼前的小地方的死活放一放，将来再说，与其为了活棋，不顾亏损，苦不堪言地两眼做活，不如脱先它投，即便死了也要拼一把，更有这样的情况，明明补一手就可以净活，却放置不管，硬是留一个打劫活。

另外，有些场合下，眼前即便有可以吃到的棋却不去吃，而是采取更大规模的攻击，图谋利益最大化。还有这样的作战方法，特意不去吃棋，让对方为了活棋不得不花费很多手数，从而可以在其他地方获取利益。

以前，一个有名的观战记者说过一句话："**活了就下地狱，死了就上天堂。**"

"**不入虎穴焉得虎子**"，对于棋盘上的死活而言，也是同样的道理，把这句话铭记在心吧。

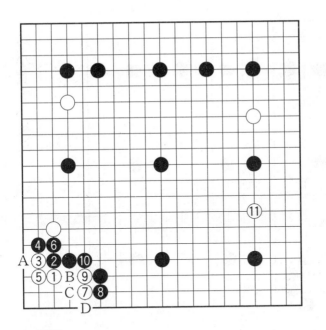

问题图

在第18页学习定式时，我们讲到过，"置换方向非常重要"，这个道理也同样适用于死活题。

在阅读死活题的书时，不要满足于一次就做对了，偶尔把问题图调一个方向或横过来进行练习，这样一来，同样是一本书，就可以得到四倍的快乐。

另外，在棋盘上摆出问题图的场合，可以将黑棋和白棋对换一下，这样得到的印象就更加深刻。

再就是做题的速度也很重要。

一开始可能需要10分钟，第二次可能是5分钟，然后是1分钟，最后是潇洒地一目了然。这样的做法，就不需要去死记硬背，而是只要**一看到棋形，就可以想象到"棋筋""顺序""变化"，锻炼了我们的"计算"和"直感"的能力。**

人的大脑有一种习性，那就是**习惯了就会觉得轻松**，各个方向的置换一定会带来新的刺激，让大脑更加活跃。

第12页的图8之后的下法，白1点三三进行到黑10为止，是定式，然后白11脱先。

黑棋的机会来了。

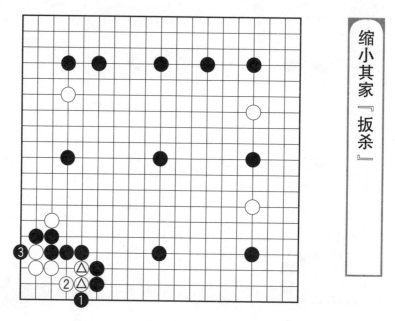

缩小其家『扳杀』

图 1

这是实战中时常出现的棋形，我们可以从中学习到各种各样的关于死活的基本知识。

面对死活，无论是攻击的一方还是防守的一方，只有按照一定的顺序才能够得到正解，而失败图则有很多变化，数不胜数，所以，除了正确答案，我们还需要研究其他各种各样的手段。

首先，黑1扳，一边攻击白△弱子，一边**缩小白棋的家以减少做眼的空间**，这就是**扳杀**。

1线或2线的扳，是侵入对方根据地和实地时的常用手段，不仅适用于"死活"，同样也是"官子"的常用手法。

由于白△处于危险状态，白2不得不防守，仅此一手，我们就可以看出角上白棋的家（实地的空间）变小了。

接下来的黑3是黑1的后续手段——"杀法"其实有很多——黑3的扳杀应该是最不容易出错的一手。

杀棋的时候，思考的方法就是先要从对手薄弱的地方入手，缩减其家中眼位的空间。

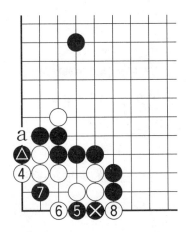

图2

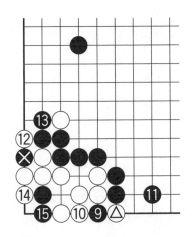

图3

图2（缩减的急所）

图1的继续，白4挡时，黑棋有多种杀棋方法，基本原则就是缩小对方家里的眼位。

按照这个思路，可以看到角上的白棋还留有侵入的缝隙，于是黑5往里面爬一手。

白棋不能让黑棋再进来了，白6挡住，仅此一手。现在，白棋家里的空间被缩小，但是白棋之间的联络也没有了缝隙——关键的时刻到了。

黑7是致命的一击，如果白棋走在这里，家里空间得到分隔，就可以确保做出两眼，所以是急所。

顺便说一下，被打吃的黑▲即便在a位被白棋吃掉，不过是一只假眼，所以不需要防守。

黑✕和黑5也被打吃，然后白8提掉……

图3（假眼）

黑9扑一手，让白10提，这是让白棋在自己的家里填上白子，成为弃子的手筋。

其要领就是怀着切断白△的心情投身而入。

为了防止白△逃出，黑11从容地一跳，将白棋封锁，9位成为假眼。

封锁的要领就是不留下毛病和弱棋。

对白12，也不用慌慌张张立即挡住，只要知道白棋**怎么都跑不出去**就可以了，黑13退，✕位也是假眼。

对白14，黑15是急所，白棋只有一只眼（一个间房），白死。

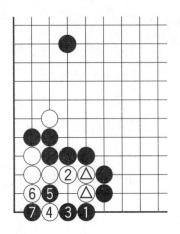

图4

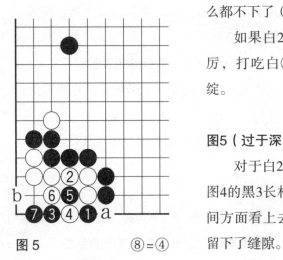

图5   ⑧=④

图4（挺头）

黑1扳杀时，白2接，起到了补强白△的作用，黑3挺头一长，看上去似乎步伐迟缓，但是因为没有联络上的缝隙，所以是缩小白棋家里做眼空间的好手。

白4试图挡住，黑5挖入打吃，对白6，黑7吃掉白4一子，结果是将白棋的家里扫荡一空。

如果白4走5位的话，白棋的角上家里已经没有做出两只眼的空间了，黑棋就可以什么都不下了（脱先白死）。

如果白2在3位强行挡住，黑2位冲下严厉，打吃白△，将白棋切断，白棋露出破绽。

图5（过于深入生出缝隙）

对于白2的粘接，黑3如一间跳侵入，和图4的黑3长相比多进了一步，在缩小白角空间方面看上去固然不错，可是却在这一瞬间留下了缝隙。

白4扑一手，利用弃子冲击黑棋联络上的缝隙，是紧气的手筋。

黑5不得不提子，白6打吃是好手，黑7长进去是最强的手段，白8提子成为打劫。

这和图1~图4的白棋都是净死差了很多。

另外，假如黑7改走4位粘住试图回避打劫的话，白7→黑a→白b占据急所，白棋净活。

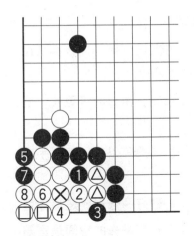

图 6

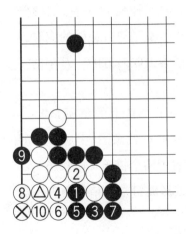

图 7

图6（白棋成为好形帮倒忙）

黑1先冲缩小白角家里的眼位空间，似乎也是不错的一手，但是白2挡，加强了白△弱子，反而帮了倒忙。

当黑3再扳的时候，白4虎，斜线上的棋子得到增加，眼形（房间数）的增加也就变得容易起来，成为好形。

这时即便黑5再扳，白6坚实地占据眼形的急所，黑7、白8，⊗位（禁入点）和▢位（即便黑棋走也于事无补的场所）构成两只眼（两个房间），成为净活。

黑5如占据6位急所，白可以在8位扳漂亮地还以颜色。

图7（角上的急所是2·1位之二）

黑1夹，下一手2位和3位的联络见合，看上去是很敏锐的侵入，然而，白2、白4一步一步增加棋子，到白6，巩固了家里的墙壁之后，白8占据角上的急所2·1位。

黑9扳，试图缩小白棋家里的做眼空间，白10再次占据另外一个2·1位的急所，确保⊗和△的两只眼，净活。

在第144页讲述对攻的章节里，我们也介绍了"角上的急所是2·1位"，在死活方面，2·1位也是急所，理由就是，"可以用最少的手数（白8、10）就做出一只眼（⊗）"。

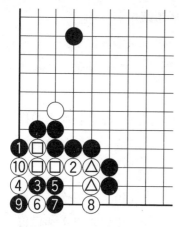

图 8

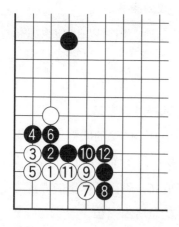

图 9

图8（角上的急所是2·1位之三）

黑1扳，虽然和图1的正解一样，都是在一线扳，但是有两点不同。

其一，和白△相比，白▢的气更长，是强子。

其二，白▢的棋形严阵以待，下一手侵入的空间非常窄小。

如果准备侵入，最好的选点就是那种可以使对方变弱，而下一手进去的空间是宽阔的地方。

白2粘住，是护家补强的好手。黑3侵入进行到白10为止，都是双方最强的应对，**最后形成相互都很难去吃对方的"万年劫"**（吃了也难受）。

这里，就出现了"角上的急所是2·1位"的最后一个要素，就像图8中所看到的那样，在2·1位有了两个棋子（白4、6）之后，**利用最少手数形成打劫**（请和中央比较一下）。

在围棋里，"劫"是你想回避也无法回避的要素，学会利用很少的棋子形成打劫，当角上出现死活和对杀的时候，我们就可以简单地运用打劫的手段来进行顽强的抵抗。

图9（基本定式）

第167页的问题图，白1点三三，白3、7、9扩大家里的空间之后，白11粘住，补强自身弱棋的同时，减小了黑棋侵入的入口，是基本定式。黑12粘住，告一段落。

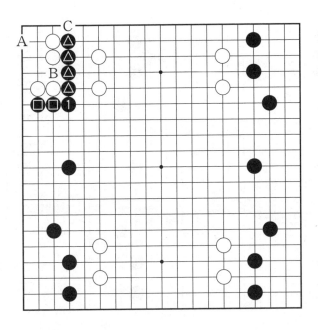

问题图

第53页图2的继续，黑1粘住的场面，白先。

对于强行侵入角上的白棋，黑棋如果觉得黑△和黑■危险了，从而选择黑1粘住，安心倒是安心了，可是这样就错过了攻杀白棋的机会。

由于围棋是两个人的游戏，**单方面的攻击或防守的情况并不多，相对来说更容易形成这样的状况，"己方好像是弱势，但如果能够让对方变弱，己方可能就未必那么弱""对方好像很强，但如果己方能够变得更强，对方可能就未必有想象的那么强"**——这种状况时有发生。

根据这种思考，在己方是弱棋的场合，通过下述两种方法可以使自己变强：

• 主动补强自身棋子的弱点（本图中黑1）。

• 通过让对方的棋子变弱从而使得自己的棋子变强（第53页的图3）。

第二种方法就是运用了"攻击是最好的防守"这条原理，一石二鸟，是非常有效的攻防手段。

因为黑棋的防守，白棋得到了机会。

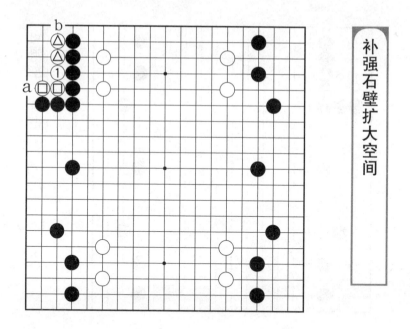

图1

补强石壁扩大空间

其实，本题的正解已在前面说过了，不知大家注意到了没有？

第172页图9中白11接和本图中白1接，都是同样的意思。

死活题与实战中出现的死活计算，其意义就是，**养成思考能力，锻炼计算能力，在大脑中描绘出清晰准确的棋盘，以及在得出正解的过程中掌握手筋的类型，增加在实战中应用的机会。**

为此，就需要"**发现**"和"**感动**"，如果是大大咧咧心不在焉，难得的机会就有可能与你擦肩而过。

当我们对任何事物都抱有**好奇心**和**兴趣**的时候，发现的机会就会增多，当我们了解到了以前不知道的知识、做到了以前没有做到的事情，感动就会油然而生，也就自然会被留在记忆的脑海里。

白1粘住，将弱棋白△和白□联络在一起形成一道墙壁，堵住了漏洞，扩大了家里的空间（不让被缩小），是棋形的要点。

如果白在a或b位扩大眼位，墙壁就不坚实，结果是失败。

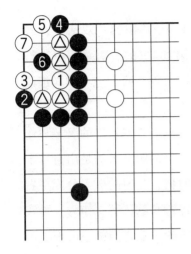

图2

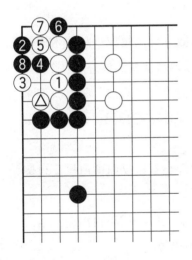

图3

图2（墙壁坚实可以抵挡）

黑2扳杀，试图用缩小白棋家里空间的手法吃掉白角时，情况就与第168页的图1不一样了，因为有白1的粘接，白棋△的墙壁一体化了，变得十分坚实，所以白3可以强有力地挡住。

由于白棋的墙壁非常坚实，黑4即便再扳，试图缩小白棋的空间，白5可以挡住。

至此，黑棋已经无法继续压缩白棋家里的空间了，只能点入急所，试图消除白棋分隔房间做出两眼的可能性，黑6点，白7在2·1位的急所防守，因为黑4处于被打吃的状态，白棋净活。

黑6如改走7位的话，白6位，清清楚楚两只眼。

图3（双活是活棋）

如果是在即便缩小了对方家里的空间，对方却还是可以两眼活棋的场合，那么攻击的顺序就是要找到让对方做不出两只眼的急所。

这里，黑2，"角上的急所是2·1位"，白3是防守的好手。

第123页稍微提到了一下，**"腾挪走斜线"**，同样，手筋（急所）多在斜线上。

白3小尖，走在白△一子的斜线上，是增加眼位的一手，黑棋也走斜线于4位尖，竭力阻止白棋做眼。

到黑8为止是双方最佳的顺序，如果继续行棋自己将会被吃掉，所以告一段落，成为"双活"。

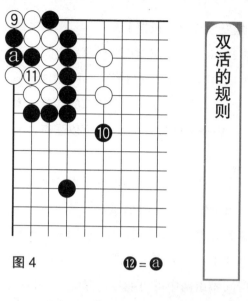

图 4   ⑫＝ⓐ

双
活
的
规
则

对于图3中的"双活"，我们在第134页的"对杀"里进行过解说，现在我们进一步详细说明。

"双活"，日语的汉字写作"持"，语源上大约是出自日本平安时代，当时的歌人分成左右两组进行和歌比赛，作为一种实力竞争的游戏，当两组出现了不分上下高低难判的情况时，就被判为"持"，也就是双方持平，打了一个平手。

现在，围棋在最后整地的时候，如果出现目数一样的情况，一个术语就是**"持棋"**，平局、和局的意思——由此也可窥见语言演变的痕迹。

为什么在局部的"死活"和"对杀"战斗中会出现"双活"呢？我们来看一下图3之后的情况，如果白棋如图4，白9、11试图去吃掉黑棋，结果却被黑12破眼，弯三不活，只有一只眼，白死。

本来白棋不去吃黑棋的话是不会死的，现在贪心不足反而被白棋反攻倒算，死得干干净净，实在是可惜。

同时，图3的黑棋如果试图吃掉白棋的话，图4中的黑9或黑11出动，结果却被白棋提掉四个子，因为是曲四，白棋活棋，黑棋被吃。

因此，图3的时点，**对双方来说，谁先动手谁吃亏**，于是，大多数情况下是维持现状直到终局。围棋规则规定：**"双活的黑白双方都算活棋，与双活的棋子有关的空间（眼、单关）不属于任何一方的实地。"**

但是，从根本上讲，因为是损棋，所以不能下，于是才形成双活。如果一定要像图4那样去下，也并不违反规则。

如果有实在不明白的场合，那就到实战中去积累经验吧。

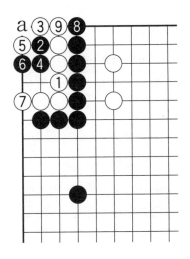

图 5

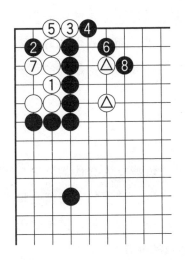

图 6

图5（万年劫）

对于白1的粘接，黑2夹，黑9位的渡过和黑4的急所成为见合，是局部最强的攻击手法。

对此，白3扳，占据2·1位的急所，防止黑棋联络，是局部最佳的一手。

黑4爬，减少白棋分隔房间做眼的可能，白5在白3之后又占据到另外一个2·1位，在角上做劫，顽强抵抗。

接下来，白7是有趣的一手，竟然不去打吃黑2、4、6三子，而是扩大自家的空间，其目的是**制造出一个对方很难吃掉（不容易死）的棋形**，是漂亮的一手，这样，围绕a位形成了打劫，因为无论谁打赢这个劫都需要时间（手数），所以被称为**"万年劫"**。

图6（实战与死活题的差别）

不知道大家是否注意到了我在图5提到的那句**"局部最佳的一手"**？

在这里还要重申一下，**死活题是局部的死活（问题）**，它和实战相比，状况和目的都不一样，因此，**最佳的一手和结果发生变化就是经常的事情了**。死活题里的正解未必就是实战中的正解。

对于黑2，白3扳，黑4如果应一手，到白7，可以活棋——莎士比亚有名言："生存还是毁灭，这是一个问题。"

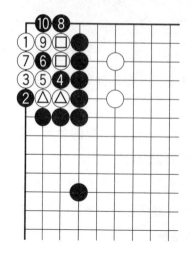

图 7

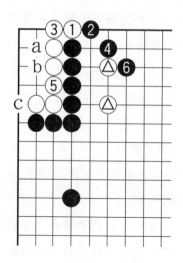

图 8

图7（实战中有多种正解）

白1虽然是2·1位的急所，但是，由于白△和白□的**外壁很弱（联络松缓，气也很紧）**，给予了黑棋冲击的间隙。

黑棋现在有很多杀棋的方法，黑2的"扳杀"应该是最为简明的一手。

这个形状，跟第168页图1和第170页的图4、图5不一样，白3挡住，黑4开始瞄着白棋的弱点一步一步缩小白棋家中眼位的空间，最后，白棋只有6位一只眼。

顺带说一下，黑2下在黑4或黑10，一样可以杀死白棋。**死活题的正解一般都是从第一手开始一本道，而实战中有好几条道路的情况很多，让我们选择最好的那一条吧。**

图8（一线扳没有增加空间）

做活的时候，可能有人会认为，"只要增加了棋子的子数，家里的空间就会增加"，这里，有必要注意的是，**棋子是否真正增加在最恰当的地方？**

特别是要注意一线，不然就像第111页的图3和第112页的图5一样**"苦渡"**，很容易成为对实地没有贡献的棋子。

白1之后，白3、5不可省略，和黑4、6的交换，使得白△变弱，损失惨重。

另外，和图6不同，黑棋没有进行黑a白b损棋的交换，这对白棋来说也是丢分了。

黑棋还留有黑c的官子，白棋是**损棋的活棋方法。**

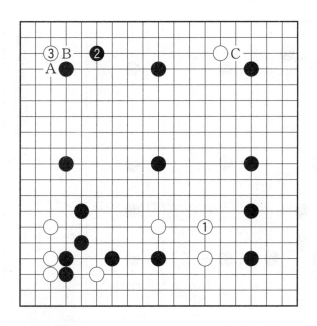

问题图

这是第22页图4的后续，白1跳防守，黑2小飞守角，得以先行占据大场。

接下来，白棋抱着"不能让角上成为黑棋实地"的心情，立即点三三。

和第51页问题图7中的白1的强行打入相比，这里的棋形是周围的黑子也不多，不能说是"无理手"，不过，黑子比白子多的事实却没有改变，是黑棋可以取得主导权的场面。

黑棋在这里可以从很多角度去思考、选择——借此机会，我想把我们思考的幅度进一步扩大一些。

围棋的一个重要观念就是**"一以贯之的信念"**和**"随机应变的柔软性"**共存。

人们常说的一句话是**"以柔克刚"**，当然我也知道这句话，不过，我却有一个苦恼，那就是柔比刚真的就好吗？幸好，果然还有相对应的一句话让我心里踏实了，**"刚可断柔"**。

让我们在各种经验积累的基础上，学会恰如其分地使用"柔"和"刚"。

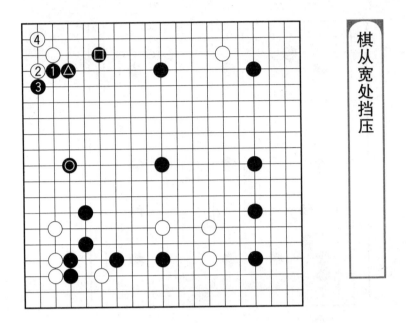

图 1

棋从宽处挡压

通过这个问题，我们可以学习各种各样的思考方法，无论是哪种选择都可以应用在实战中，请大家打开头脑里的抽屉把它们放进去。

挡压住对方的时候从宽广的一侧挡住。

再详细说明的话，那就是将对方赶向狭小的方向而己方向着宽广的方向。

这个法则基本上适合所有的场面——我们说的"宽广"的意思就是：

- **棋子少的地方。**
- **高的方向。**
- **有发展潜力的地方。**

就拿图1来说吧，从黑△的位置来看黑■和黑◉两子的距离，相比之下黑◉要宽很多，所以，黑1挡压是正确的方向。

由于宽广方向的道路被封闭，而黑■方向的出路也很狭小，很难找到安身立命的空间，于是白棋只好白2扳，在角上寻求眼位。黑3贯彻黑1的意图继续从这边挡压，白4走斜线虎一个是局部最佳的一手。

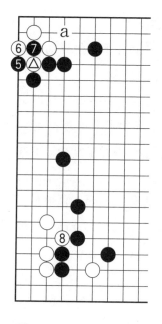

图 2

图2（先手劫轻松）

图1的继续，黑5打吃是破坏白棋眼形的最强的攻击手法。

这时，白6虎，在斜线上增加棋子力争家里的空间最大化，对黑5打吃，制造出了一个有弹性的劫（可参考第124页）。

这手棋如果在意被打吃的白△一子而于7位粘接的话，黑a在急所一击（不让白棋占据的"小鬓"），白棋死得很简单。

下手在遇到打劫时往往会感到恐慌，其实大可不必，冷静下来就一定会发现，黑7提劫就好了。

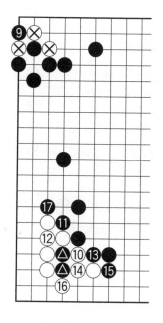

图 3

图3（劫与劫材的交易）

打劫是业余爱好者的鬼门关，这里介绍一下基本的思考方法：

· 判断劫的价值。

· 判断劫材的价值。

· 劫和劫材二选一。

（希望棋力进一步提高的话，还要加上"劫材的数量"和"形势判断"。）

虽然同时必须思考两件事对人而言的确有些困难，不过，这里还是请做出决断，比较一下劫和劫材的价值，选择你自己认为是大的那一个！

黑9，吃掉白⊗，弃掉黑△，十分满足。

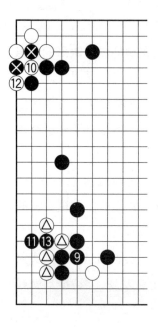

图 4

图4（劫材是在大的地方连下）

图3中的黑9，对于白棋在左下角的寻劫，本图中的黑9粘接上也是不错的选择。

这样，轮到白棋在左上角白10提劫，这回又轮到黑棋思考了，为了提劫而要找什么劫材呢？

其实，没有必要在这里想得过于复杂，**下在自己觉得大的地方就可以。**

可能的话，就像黑11那样，白12一旦消劫，黑13就切断白△，让白棋四分五裂，这样，黑⊗被吃的损失在左下得到补偿，这笔交易非常合算。

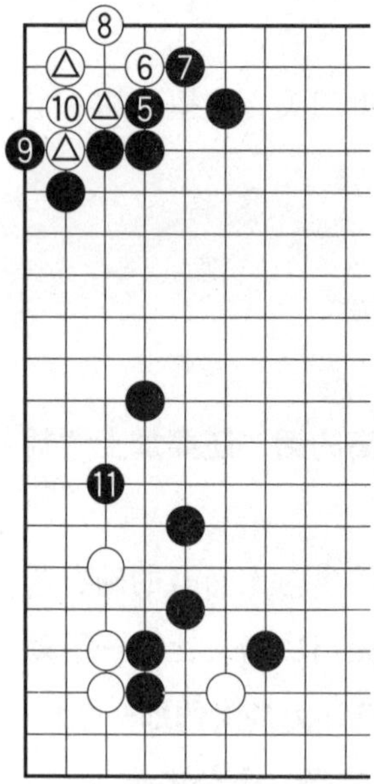

图 5

图5（也可以让对方苦活）

说了这么多，我想一定还是会有绝对不想打劫的人，他们会觉得，即便不去硬吃白△，不也挺好的吗？

那么，**这个场合下，也可以这样选择，黑5从高处开始将白棋挡压在低处，让白棋活得很小（菩萨心肠）。**

以下，白6扳，白8走斜线增加己方棋子，白棋虽然可以确保两眼做活，但是活得很苦（这就叫作"欺负"）。

黑7挡住，黑9打吃，黑棋都走在宽阔的外面，棋形厚实没有无用之子，效率极高。

得到先手，黑11可以抢占好点，十分满足。

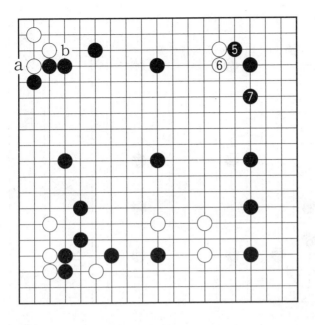

第三选择『脱先』也有力

图6

就像我们在第179页里讲到的那样，围棋具有各种各样的思考方法，也有多种选择。

"只能这样了""除此之外都不行"——**就在你自认为是这样的一瞬间，你的视野就会变得狭隘，丢失了"大局观"。**

就像图1那样，如果在左上角继续行棋的话，**"黑a打吃形成打劫好呢，还是黑b让它苦活好呢？"这种二选一的思路是有问题的，围棋的世界并不是这么狭隘。**

左上角黑棋已经将白棋封闭在狭小的角上，黑棋走在了宽阔的外面，在一定程度上已经有了收获，所以，就可以考虑在这里脱先，比如黑5之类先行抢占要点，逼迫白6长一手，让这根没有根据地的棍子成为攻击的对象，黑7单关守角，右上角到右边构成黑棋模样。

左上角即便白棋动手也不过就是活一个小角（这个思考很重要），而黑棋又可以再次得到先手。如果白棋不走的话，黑棋也不急，根据今后的进展可以选择黑a或黑b。

保留多种选项和变化是强者的证明。

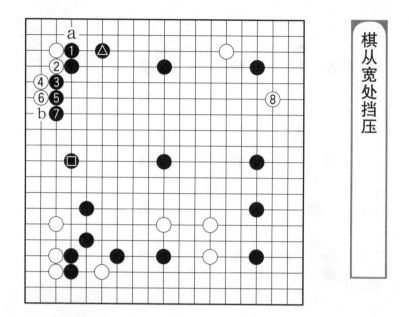

图 7

图7（挡在狭窄的方向是损棋）

　　黑1挡，重视的是与黑△之间狭窄的空间，忽视了与黑■之间宽广的距离，让白2走向了宽阔的空间。这样进行到黑7为止，白a和b见合，白8可以脱先抢占到好点。

　　我们再确认一下到此为止的选项：

- 最强的攻击手法是打劫（图1～图4）。
- 让对方苦活（图5）。
- 保留左上角的变化先行抢占其他好点（图6）。

　　这三个选项都很有力，供大家参考。

　　在第183页的最后，我这样写到："保留多种选项和变化是强者的证明"，同时，强者也有能力在这些选项中选中最适合现状的那一项。

　　不少人会觉得，"选项越多，想得就越多，好烦呀"，其实，对我们的成长来说，"思考"是不可或缺的。

　　"人是会思考的芦苇"——法国数学家、思想家帕斯卡尔如是说。

　　从多种角度去思考，并将这些思考付诸于实践，积累经验（与胜负无关），为更进一步深刻的思考奠定基础。

　　虽然我在第4页里这样写到："选项多了就会出错"，不过，我们还应该知道，失败是成功之母。

棋从宽处挡压

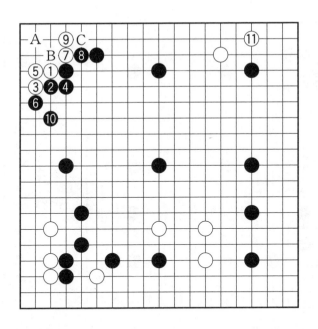

问题图

第179页的白3在本图中白1托靠，也是侵入黑棋小飞缔角的有力手段。

这是上手经常使用的手法，我们借此机会在一定程度上学习一下其中的基本变化。

首先，看一下黑2的选择，由于白1和星位的黑棋直接接触上了，**"逢靠必扳"**，黑2或者黑B，二选一（这基本上是绝对的应对）。

选择黑2，则是更加重视外侧，如果是重视角上的根据地，那就在三三位扳住。

白2连扳，在斜线上出动，扩大家里的空间，同时弱化黑2一子，是腾挪的好手。

接下来的要点，也是我最为推荐的一手，**黑4牢固地粘住，被弱化的黑2得到保护**（如果想严厉攻击白棋的话，黑5位切断或者黑B）。

然后，白棋也在5位防守，进行到黑10，白棋得到实地，黑棋取得厚势，是定式的一种。

白棋的1、5和7、9，两面墙壁在角上确保了3×3的空间，与棋盘的边线合围，这个棋形，被称作**"金柜角"**。

白棋宽大的家里，黑棋有狙击的好点。

『金柜角』的急所

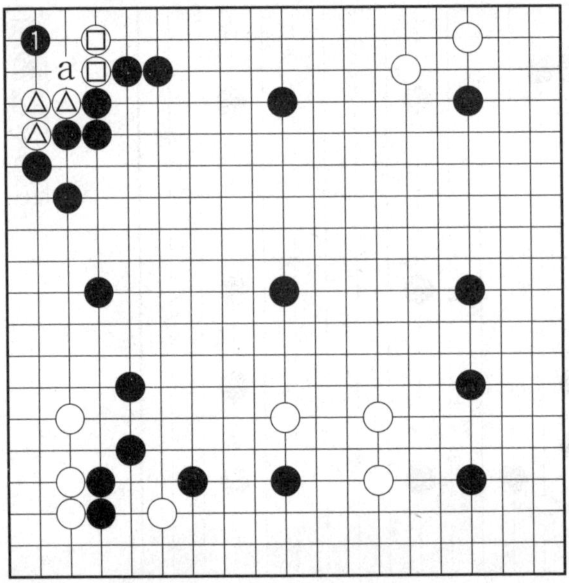

图 1

　　对于死活来说，关键的要素就是**"中手"（弃子杀）**，根据家的大小和形以及死子的数量和形来判断在这个家里能不能出棋（做不出两只眼）。

　　一般来说，可以弃子杀的"中手"棋形，有"直三""丁四""刀把五"等，偶尔也会见到"梅花六"。

　　也就是说，如果能够有六七目以上的家（实地），就很难出现弃子杀的**中手了，活棋的可能性极大。**

　　现在，白△和白▢的棋子在角上做成"金柜角"，看上去似乎有3×3=9目左右的实地，感觉很安全，但是，不仅外面的黑棋紧贴着白棋，气很紧，而且白棋的△和▢处于没有彻底联络的状态，a位还有"毛病"，可以成为黑棋狙击的目标。

　　此时，**黑1狙击a位的"毛病"，角上的急所是2・2位，占据急所，发动攻击。**

　　后续的变化虽然有些复杂，不过，只要记住黑1点方是急所就是收获。

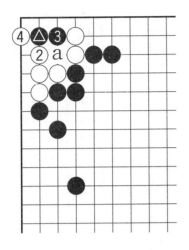

图2

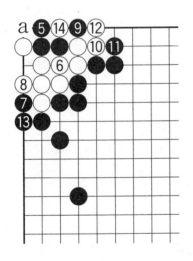

图3

图2（机敏的应对方法）

被黑△走到点方的急所，白棋则必须想办法既守护住a位毛病，还要确保眼形。

白2顶，防止了a位的断，然后黑3和白4见合，是容易增加眼位的地方，这个应对非常机敏。

此时，如果白2在a位粘的话，仅仅单纯防守，是很难找到眼位的愚形，很有可能让黑棋走出"中手"（弃子杀），甚至走出"有眼杀无眼"。

黑3，一边夺取白棋的眼位，一边瞄着a位断的狙击，接下来的白4也是攻守兼备的急所。

图3（顽强造劫）

黑5是2·1急所，依旧瞄着狙击6位的断点。

接下来，白a或14，如果试图攻击黑棋的三子，都是自投罗网送入虎口，所以只好白6粘住。

黑棋三子也因为自身气紧不好动换，于是黑7扳，缩小白棋家里的空间，白8挡住。

然后黑9扳，不让黑棋三子轻易被吃掉，顽强地造出一个劫来，白10、黑11、白12交换之后，黑13粘住，白14提子，这样就出现了这个棋形……

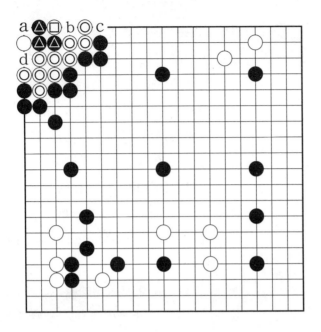

缓气劫花费手数

图4

到此为止讲述了很多有关"劫"的事情，而实际上，就这一个"劫"字，却有着各种各样的种类，非常深奥。

紧气劫：原则是对哪一方来说条件都一样（到劫胜为止的手数、气数）。

缓气劫：一方若要劫胜需要多花手数。

二手劫：二段构成，一手解决不了。

无忧劫：劫胜可获得一定利益，而劫败损失很小。

天下劫：决定一局胜败的关键大劫。

万年劫：非常复杂，参考第177页图5。

在这些劫里，最不容易理解的就是"万年劫"和图4中的"缓气劫"。

图4中，白棋要劫胜的话，只需要白a提掉黑▲，一手就可以了。

黑棋为了劫胜，需要在寻找到劫材之后黑b提掉白▢一子→黑c紧气住白◎数子的气（成为紧气劫）→黑d吃掉白◎数子，总共需要花费3手棋。

是白棋1手劫胜，还是黑棋3手劫胜，这期间双方合计需要花费4手棋。

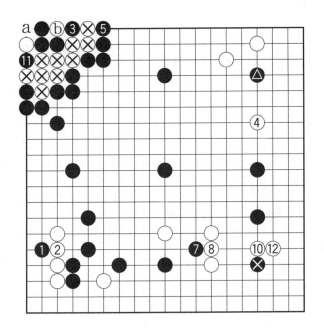

图 5　　　　　　　　⑥＝ⓑ、❾＝❸

图4的接续，黑1找劫材。

这时，白棋没有必要慌慌张张地在左上白a活棋，可以从容地白2应，好棋。

为什么是好棋呢? 那是因为，**为了吃掉白棋，黑棋需要花费数手棋——白棋不是那么简单就会被吃掉的，所以没有必要马上活棋。**

因此，不用去寻找过于复杂的劫材，像白4这种普通的下法，作为劫材已经足够了。

黑5打吃，终于成为"紧气劫"。

轮到白棋下子，毫不客气，白6提劫，黑7再次寻劫，白8应劫（白棋被强化，得到了便宜）。

黑9提劫时，白10寻劫，黑11虽然提掉了左上白⊗，但是，在此期间，白棋在右边4、10、12连下了3手。

左上角的出入计算，白a吃掉黑棋可以得到9目实地，黑11吃掉白棋可以得到24目实地，这个劫的价值是33目。

一眼看上去就可以判断出，白4、10、12在右边连下3手的所得，足以弥补左上的损失。

实质性的利益（得失）计算，不能只看结果的数字，还必须加上花费的手数，这一点非常重要。

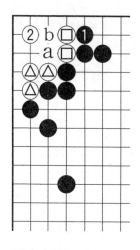

图6

图6（帮倒忙）

对于黑1的挡，白2应，从白△和白▢两方来看，都是一间跳，a位的毛病得到保护，成为好形。"角上的急所是2·2"，白2恰如其分地对应了这句格言，在3×3的"金柜角"中央分隔出房间（眼形），**白棋一手棋都没花（黑1、白2相杀抵消）**，**高效活棋**。

像样的急所，就是各种要素兼备的要点，"敌方的急所即己方的急所"，对于双方来说，很多场合下都是攻守的要点。

黑1、白2之后，黑a如果断，白b，黑棋就没有任何后续手段了。

前面的第189页中，对于**"利益和手数的关系"**进行的解说，**是切中围棋本质的重要的论述——布局开始到中盘、收官，从头到尾的一盘棋里，关键的一点就是棋子的效率。让我试着举例说明：**

对于围棋来说，**"棋子的效率"就是为得到利益而投资的棋子数量。**

当你想经营一家公司的时候，10个人挣出100万的团队和3个人挣出60万的团队，哪个更有效率呢？

单纯地一看，挣出100万的团队非常了不起，但是，从更大的视野考察，3个人挣出60万，60÷3，一个人挣出20万的效率更高。

10个人100万，100÷10，一个人挣出10万。

围棋也是如此，为了追求更大的利益而投入大量的棋子，将导致棋子的效率并不高。

重要的是，在棋子进行战斗时，如何能够发挥出棋子的效率，在盘上得到利益。

专栏 扇子的变化

自古以来，一说到对围棋的印象，我们的脑海里就会浮现下面的光景：榻榻米上，身着和服，一只手拿着扇子在摆动……

到了现在，一般来说，在榻榻米的房间里下棋越来越少，职业棋手的对局也是桌椅多于榻榻米了。

伴随着桌椅对局的增多，身着和服的身姿也是难得一见了。

唯一保留下来的就是扇子了。

扇子（折扇）和团扇一样，扇出风来让人凉爽，作为一种道具，非常适合浑身发热、头脑发晕的对局者，可以让棋手清爽、清凉、清静下来。

在落语家（日本单口相声演员）手里，可以让扇子变出七种花样，而在围棋棋手手中，扇子却有其他的使用方法。

最常见的就是利用折扇的特点，在扇骨处反复来回地将扇子打开又合上，吧嗒吧嗒地，按照一定的节拍，配合着自己思考的节奏。

特别是围棋界和将棋界的扇子都是长时间的过度使用，为了经久耐磨不易损坏，特意用更大更粗更加结实的扇骨制作。

沉浸在自己的世界里沉思静考时，手里有个东西或许注意力能够更加集中也未可知。

考试的时候，一边思考一边把铅笔或圆珠笔在手里轱辘轱辘转来转去的考生不在少数。

不过，本人觉得，即便是为了寻求一个不错的思考节奏，但是对你的对手和周围的对局者而言，扇子的吧嗒吧嗒声，还是一种噪声。

对于那些发出特大声响的扇子，有些对战对手或周围的对局者也会提出意见，据说有的棋士就将扇子换成扇骨细小的，尽量不发出声音，结果呢？下棋找不到感觉了……

另外，还有的棋手，本来是集中精力在棋盘上，突然一下子用扇子"啪啪啪"地猛敲自己的脑袋……这种时候，往往是发现自己下出了"恶手"或"大勺子"，下完棋，那把扇子也就成了篾条了。

这扇子让落语家都自叹弗如。

专栏　围棋和名言

中国是围棋的发祥地，是在4000～3000年前，传到日本则是在1500年前左右。自有围棋以来，许许多多的人们陶醉在其中，留下了很多金句和名言。

• 《大宝律令·僧尼令》第九作音乐条："**凡僧尼作音乐及博戏者，百日苦使，棋琴不再制限。**"这是701年前制定的法律，规定了僧尼不得从事音乐和赌博的活动，否则就是有罪，而围棋和琴则是例外。

• 织田信长："**这才是真正的名人。**"

• 这是织田信长对日海（后世本因坊算砂）出神入化的棋艺的赞叹，称其为"名人"，即世界第一人——"名人"一词，从此流传。

• 井上幻庵因硕："**棋乃运之艺，今日才知道。**"有"名人"的实力却没有"名人"的命，在跟本因坊丈和争夺名人棋所中败下阵来的井上幻庵，在自戒和自虐中充满了悔恨。

• 大隈重信："**将棋是战斗，围棋是经济。**"将棋是能不能吃掉对方"王将"的战斗，而围棋则是在与对手相互协调的过程中追求利益的游戏。蛇足一句，"经济"这个词，在中国古典里，意思是"经世济民"，大隈公的思考深奥无比。

• 吴清源："**棋是求和，不是战斗。**"吴清源先生常说的一句话就是："围棋是调和"，强调的是棋盘上的平衡。

• 梶原武雄："**今天的蛤好重。**"在和桥本昌二先生的一次二日制对局中，第一天结束的时候，全盘只下了9手棋，持白棋（白棋子是用蛤贝做成的）的梶原先生情不自禁地发出了这样充满情怀的感叹，这是棋士对棋道不懈探究的深重的一言。

第 7 章 官子

　　围棋对局最后阶段的下法叫"官子"，也叫"收官"，是对布局和中盘战斗后双方得到的实地进行确认，作为总决算，对决定胜负有着重要作用。

　　然而，我就听到很多人说，官子这东西太烦人、太难了，所以，好像有不少人对此敬而远之，采取回避的态度。

　　出现这样的现象，我觉得有如下两个原因：

　　其一，针对官子的最基本的知识能够进行很透彻的说明的教科书和老师相对比较少。这里说的"很透彻的说明"，就是指根据受教一方的水平因材施教，深入浅出地让受教者理解、掌握的方法。

　　例如算数、数学的学习方法。

　　在幼儿时期要进行数的基本概念、数数的方法、数的读法等基础知识教育，进入小学后就要学习加法运算、减法运算的练习，在此基础上学习乘法运算、除法运算、小数点、分数、面积等，分阶段进行教学。

　　在中学生时期就要涉及相对复杂的因数分解、方程式等数学的要素，高中阶段就要接触函数、微分积分等高等数学了。

　　为了学习围棋，中学毕业后我就没有读高中，在学到方程式的时候对数学产生了厌倦，就没有再继续学下去。现在就非常后悔，"当时多学一些多好呀……"

　　我想强调的是，学习的顺序和指导的方法是非常重要的，对于一个连1＋1都感觉困难的一年级小学生，一下子就教他加法运算、因数分解，那他又怎么会理解？

　　对于老师来说这个问题是显而易见得简单，对于学生来说则是理解后可以去实践，两者之间是有距离的。能够缩短这个距离的方法就是"很透彻的说明"。

　　至今为止，棋手的解说和棋书中，没有站在学棋者角度看问题，说明不充分，这进一步导致爱好者对官子产生厌烦。

　　其二，官子的特殊性。

　　官子离不开"数""计算""逻辑""试行""验证"。

　　如此看来，官子简直就是数学。

对于和我一样讨厌算数、讨厌数学的人而言，恐怕心理上都会产生排斥的情绪吧。

但是，官子与在学校里学习算数和数学一样，**只要学习就会确实得到提高**。

在棋友中，讨厌官子的人有很多，不过，只要你将官子作为自己的武器，你的胜率就会明显得到提高。

为了让大家能更好地理解官子基础知识，提高收官的计算能力，我们讲述一下官子的基本思考方法。

首先是官子的三个必要因素：

- 官子的大小（下在这里的价值）。
- "先手官子""后手官子""逆收官子"。
- "见合"和"手止"（最后一个大场或大官子）。

这其中，最重要的是**"大官子"**，我们在第133页已做过介绍，根据**"出入计算"**可以判明大小。

盘上总是有很多想走的地方，**每一手都有其价值**。例如去超市买东西，各种商品上都贴有标明其价格的标签。

这里面有物美价廉的商品，也有不需要的商品，或许其中还有吃了会引起食物中毒的商品。

对围棋来说，就是黑棋和白棋轮番选择商品，**当轮到自己下棋时，纵览全局，从各种商品中选择最好的商品（最大的地方）是非常重要的思考方法。**

接下来，对手挑选的商品的价值就会比自己挑选的低一些。

双方反复交替挑选商品，"最终选到好的商品多的一方获胜"，这就是围棋官子的方法。

在收官过程中，和"大官子"相比，有些人可能更重视"先手"（下面会讲到），我认为持有这样的思考方法是一种错觉。

官子的教科书上总是强调先手重要，然而，**即便是先手，价值也很低（或者没有价值，甚至是负价值），选择这个商品又有什么意义呢**——这样的比方是不是能够让我们更明白。

就像俗话说的那样，"贪买便宜货，结果白扔钱"。

"先手"的意思就像这两个字所表示的那样，"先下一手"和"己方所下的一手对方必须应一手，这样就可以先行占据另外的场所的一手"，这和"得到便宜"的意思是不一样的。

如果始终能"先手"，占据到棋盘上好点的可能性就将得到提高，这一点当然是非常重要的，然而，如前所述，更重要的是，"己方下在价值高的地方，让对方不得不下在价值低的地方。"

自以为是先手，结果却是己方下在了价值低的地方，让对方下在了价值高地方的先手，那是不行的。

本来想着是先手，心情愉快地下来下去，却没有想到结果是弄巧成拙，让对方各处得利。

尽管可以说，先手就是心情愉快地说一不二让对方不得不应，然而，这其中有一个重要的因素，那就是"大小"。

和"先手"相对的就是"后手"，意思是跟在对方之后下，或者是对于对方的一手不得不应一手。

无论是先手还是后手，重要的是，对于对方所下的一手是不是一定要应？和己方的一手对方是不是一定会应？

自己认为，对方应该会应所以肯定是先手，而一旦出现对方脱先不应的情况，那你的这手棋就成了后手。

是否成为先手基准大致如下：

- 如脱先会有麻烦（狙击、损益、死活）。
- 接下来的一手价值大（盘上最大）。
- 没有其他更大的地方（比较）。

这里需要注意的有两点：其一是，对于脱先是否将造成麻烦每个人的认识是不一样的（计算和形势判断以及具体的局面分析）；其二是，接下来的一手的价值有多大，这是相对而言的，要和其他场所的价值进行比较。

例如，这里有一个10目的官子，如果其他的地方只有5目左右的官子，那10目的就是大官子，如果其他地方还有20目的官子，相比之下，这个10目就是小官子。

围棋中的先手和后手的思考方法不是只限于官子，在布局至中盘战斗的各个阶段都是通用的。

当对方下了一手，如果只是一味地想到"没办法""只能应吧"，就会总是落了后手，好的商品会被对方先手全部拿走。

哪怕在这个场合下感到有点麻烦（有所损失），但是，由于这个地方对方已经花了一手棋，价值已经降低，那就应该脱先，先手去抢夺其他的好商品——这种意识非常重要。

只要你纵览全盘，就会发现好的商品到处都是。

当被对方抢到自己原本想下的地方，很多人会产生后悔懊恼的心情，这是可以理解的。其实，当轮到你先手在握时，不是也可以找自己喜欢的地方下吗？要活用围棋的长处和特点，巧妙地利用先手去争取获得最大的利益。

这样，双方你来我往抢夺好的商品，那一定是一盘旗鼓相当的好胜负。

收官阶段最难把握的是**"逆收官子"**，意思就是**防止对方先手的后手官子。**

某个场合下，一方走是先手、另一方走是后手的时候，**属于先手一方的权利更大。**这个**"权利"**换一个说法就是**"可能性"**，这样也许更合适一些。

权利的意思是，什么时候都可以走到，不过，根据具体局面，暂时放着不走的情况时有发生。

就好像什么时候都可以吃的食物，先放在冰箱里以后再慢慢享用。

逆收官子就是指，寻找适当的时机，夺取对方能够走到的先手权利。对方原本认为自己随时都能够走到的地方，却被你剥夺了，先手一方的心情会受到打击。

好比特意存放在冰箱里随时可以吃的美味，突然被夺走了，其心情可想而知。

所以，高手收官的时候，如果在早期阶段就下在了不仅是后手而且还很小的地方，一般来说那就是属于"逆收官子"的情况。

官子的要素里最后一个重要知识，就是"见合"与"手止"（最后一个大场或大官子）。

这是对现在盘面上剩下的商品和能够得到的"还剩下多少"进行的思考。

"见合"的状态就是同等价值的官子有两个地方（或者四个等，是偶数的地方），无论对方走到哪个，剩下的一个己方就可以走到。

即便对手夺走一个美味食物，自己也会有相同的美味可以享用，所以不会恼怒。

"手止"是指只剩下一个大官子的地方（或者是三个地方以上的奇数），是极有魅力的最后一个好商品。

盘上是有限的，大官子的数量也是有限的，最后总会收完所有的官子。

而最后的大官子一旦被对方收到，剩下的就是鸡肋一样食而无味的地方，最后的大官子让对方收到，结果输了半目的事情没少发生，惨痛至极。

最后我们总结一下正确收官的思考方法：

• 从大的对方开始。

• 灵活利用先手（不能一味地都跟着应总是后手，要有脱先意识）。

• 同样大小的官子见合时放着后面走。

• 将"手止"作为目标（争取走到）。

让我们以能够比对方吃到盘上更多的美味为目标而去努力。

如果不知道哪里才是大的地方或哪里才是好的地方，我们可以用逆向思维来思考，这也是不错的方法：不走那些明显是不大的地方。

只要把"与实地增减无关的单关""半劫""1、2目的小官子"放到以后再走就可以了。

一般来说，那些大的地方因为空间宽广，不容易计算，所以也就不容易做出价值判断。

观看业余爱好者下棋，发现他们有这样一种倾向，就是只要是先手那就下了再说，总以为对方会跟着应一手。实际上这是下在了小的地方，要多加注意。

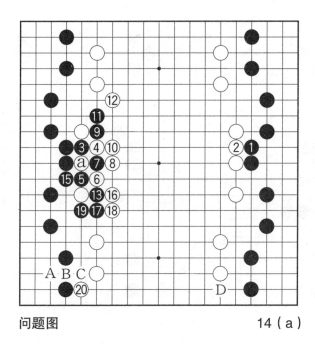

问题图　　　　　　　　　　　　　14（a）

官子的基本就是走在大的地方，而所谓"大的地方"，简单来说其标准就是：

- 广阔的空间（棋子少的地方）。
- 大的实地的边界线（出入计算）。
- 下一手还有大官子。

另外，如果盘面上还有不知道属于谁的空间，将其占为己有的话，毫无疑问那就是大的地方。反过来如果被对方占到成为实地，双方里外里的出入之差，就可以看出这里原来是一个大的地方。

然后，当黑白构成了各自的实地时，在边界线上如何增加己方的实地和削减对方的实地就变得重要起来，因为里外里的出入之差是很大的。

下一手还有大官子，可以想象成买了东西还白送了一个，或者是买了一本书，还白送了一本"附录"。

任谁都会因为有个"白送"而开心的吧。

第31页图10的后续，黑1进行至白20为止，双方的各自实地基本稳固。接下来，棋局就进入了官子阶段，黑棋应该将目光落在哪一点上呢？

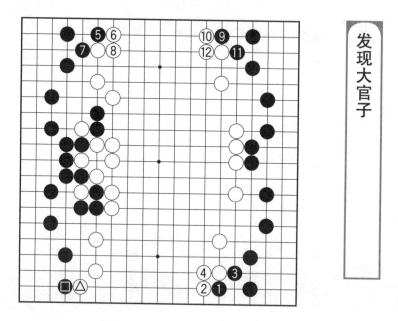

发现大官子

图 1

当局面进入官子阶段后，可以这样认为，双方的实地基本上已经确定。

因此，对于左右两边的黑棋实地，白棋已经不能随便打入了，而黑棋对于中央的白空也不敢贸然孤身犯险空降进去（如果想打入的话应该早一点去挑战）。

当看到白△尖顶过来时，不少人会很担心，"黑■变弱了，角上也危险了，怎么应才好呢？"关于这一点，就像在第196页介绍过的那样，需要自己进行如下的判断，"是不是一定要跟着对方应一手？""能不能脱先拿到先手？"

左下角即便白棋连下两手：

- **对自己的实地增减影响不大。**

- **对双方棋子的强弱也没有什么改变。**

- **其他地方还有更大的官子。**

根据上述条件，自己就能够做出判断，可以脱先去抢占其他更大的地方。

现在的局面下，黑1、5、9三处都是"先手"，是既可以增加黑棋实地，也能够削减白棋实地的大官子。

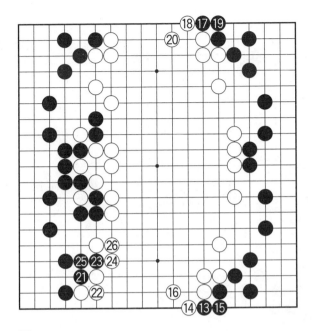

图2

图2（有下一手的狙击就是先手）

图1的后续，如果认为黑13和17的扳接能够得到先手，那么在现在可以走到的时候就不用客气了。

在黑白实地的边界线上，黑棋实地得到增加，白棋实地被减少，随后再没有大的地方了，于是黑21回头补棋。

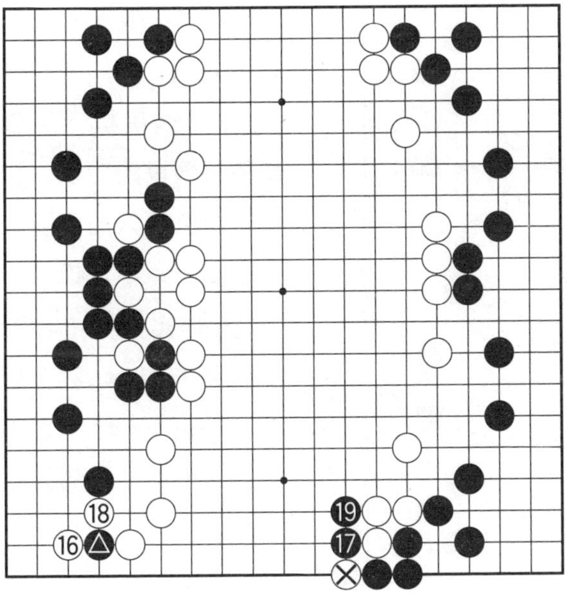

图3

图3（极大的白送）

图2中的白16，如果白棋觉得"后手应一手过于难受"的话，白16夹进来，**黑17断**，反过来削减白棋的实地，这是极大的白送。

对于白18，黑19大幅度削减白空，非常满足。

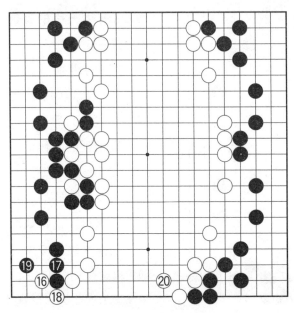

图 4

图4（一味跟着应很容易受损）

图3中白16夹时，黑17应一手，白18渡过，黑19继续应。这样一来就会被白20守回，左下角的黑棋实地白白受损（和图2比较）。

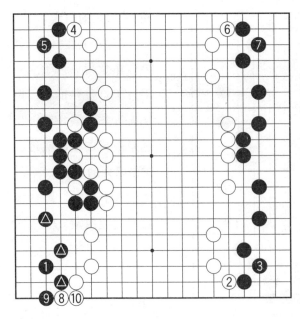

图 5

图5（一味跟着应一路后手）

黑1这手棋，黑△如果是弱棋的时候，弥补了白棋侵入的间隙，是坚实的一手（现在却是过于坚实）。

由于黑棋落了后手，被白2、4、6先手走到。黑棋唯一的好处就是在白8、10之后终于可以脱先了。

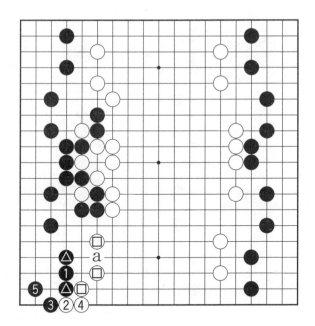

图 6

图6（棒接）

黑1单接，也称为"棒接"，是厚形，坚实地加强了黑▲，对白⬜产生了黑a位的狙击手段。

问题是落了后手，让白2、4的扳接成为先手。

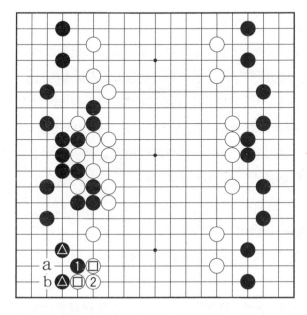

图 7

图7（挤）

黑1，针对白⬜挤一手，其效果是白2不得不应，黑▲也得到了加强。不过，虽然强行让对方应了一手后得到了先手，但却留下了白a或白b狙击的弱点。

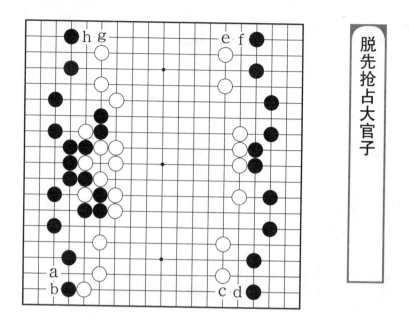

脱先抢占大官子

图8

我们来看看问题图的局面，双方的边界线上，黑地和白地之间还留有很大的间隙，总共有4个地方：

- 左下黑在a位应一手，还是白在b位夹侵入？
- 右下黑在c位侵入，还是白在d位尖下应一手，接下来瞄着侵入狙击黑角？
- 右上黑在e位侵入，还是白在f位尖下应一手，接下来瞄着侵入狙击黑角？
- 左上黑在g位侵入，还是白在h位尖下应一手，接下来瞄着侵入狙击黑角？

这里，无论黑棋走还是白棋走，各处的出入计算都有10目以上的价值。

也就是说，如果按照图1、图2所示，4个地方全都被黑棋走到，增加了40目，白棋的增加则为0目。同样的地方，如果按照图5所示，相对于黑棋走a位增加了10目，白棋走到d、f、h，增加了30目。

原来黑棋可以有40目，现在只有10目。原来白棋是0目，现在有了30目，盈亏相抵之后，白棋增加了20目，这个差可是非常之大（这也是出入计算的思考方式）。

一般情况下10目以上的官子属于"大官子"，像这样的官子自己走到与被对方走到的里外里出入价值差非常大。所以必须要清楚一点，在收官时不能总是跟着对方应，而是要脱先去抢占其他更多的大官子，才是最为关键的。

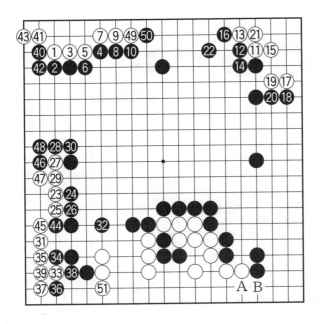

问题图

官子阶段，**双方都在实地的边界线进行争夺，常用的手段是"扳"和"下立"**。

特别是在二线或一线经常使用的"扳"，就是在"扩大己方实地的场合"和"削减对方实地的场合"时使用（黑40、46等，对于双方来说都是出入极大的官子）。

"扳"在棋形上也有弱点，由于位于斜线上，在联络上有些许毛病。

"下立"就是"关上己方实地大门的一手"，主要用在防守时（白43和51）。

"下立"在棋形上的联络非常坚实，可以安心，但是也有问题，那就是在对于扩大己方实地和侵入对方实地方面，多少有些迟缓。

但是，如果是**需要积蓄力量，瞄着有下一手狙击的场合，那就是以退为进的好手**。

总之，**只要和实地的增减或下一手的狙击有关系，就是好手**。

第80页图4之后，各角按照定式的下法都很坚实，唯有右下角留有A扳或者B下立的大官子了，选择哪个会好一些呢?

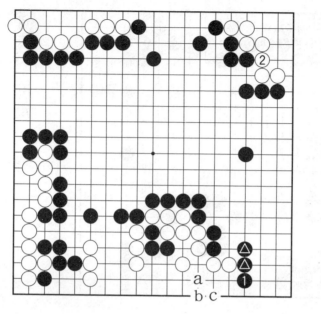

图 1

这个局面，黑1坚实地下立，一边防守己方的实地，一边瞄着下一手a～c侵入的手段，这是十分有效的收官方法。

黑1的这一手，一石二鸟，**黑地得到增加（防止被减少）、白地被减少（不让其增加）**，是里外里出入极大的地方（约17目）。

随后，白棋在2位需要应一手，虽然这个地方是**"后手"，因为是盘上最大的官子，没有办法。**

盘上已经没有其他特别大的地方了，黑1就是最大官子；反过来，如果让白1走到的话，差别极大（图8）。

收官时是按照由大到小的优先顺序：

• 双方先手官子（谁走都是先手）。

• 单方先手=逆收官子。

• 后手官子（双方后手）。

对于黑1的下立，白棋是否一定会应一手呢？就像我们在第196页提示过的那样，就看对方如何判断了，是否认为如脱先会有麻烦（狙击、损益、死活）——这是只有上帝才知道的的事情，让我们相信自己的判断去下吧。

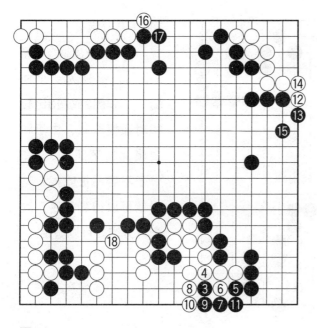

图 2

图2（深入追究弱点）

图1的后续，虽然切不断白棋的联络，但是却有缝隙可以钻入，黑3刺，追究白棋的弱点。

不过，**如果最大限度地侵入，为了将黑棋全部救出，就会落后手，让白棋走到了12位和16位两处先手官子。**

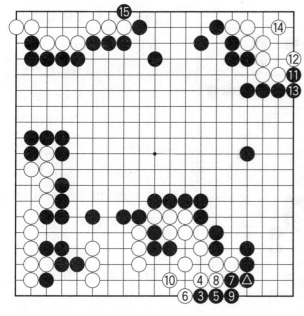

图 3

图3（大伸腿）

从黑⚫出发，黑3大飞是常用的收官手筋，被称为"大伸腿"。如果**白10省略不走的话，黑10有刺的破空手段，所以是先手。**

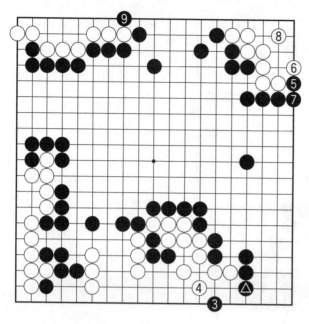

图 4

图4（八分饱）

从黑△出发，黑
3小飞，被称为"小伸
腿"。和图2或图3比较
相对谨慎节制，由于和
白棋保持了距离，黑3
一子不容易被吃掉，这
样就可以得到先手，吃
个八分饱，可以满足。

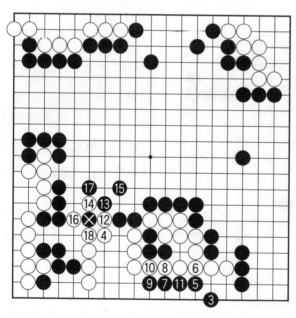

图 5

**图5（如果脱先后续手
段严厉）**

面对黑3的小伸腿
时，白棋也未必一定会
应，例如，白4或许尖
一手。

但是在这个场合
下，黑5以下的后续侵
入手段极大，足以自
傲，侵入的所得超过黑
⊗一子被吃掉的损失。

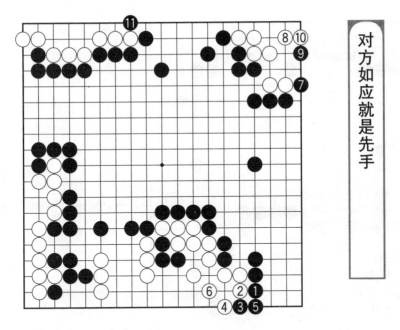

对方如应就是先手

图 6

　　图1，对于黑1的下立，白2如果挡住，黑3、5扳接，是成为"**双先官子**"的可能性非常大的一手（不是绝对的先手）。

　　进行到白6为止，黑3成为先手，黑7就可以转向其他的大官子了（如果被6省略，黑6是侵入的好点）。

　　随着棋力越来越强，**就会这样去思考了：对方的这手棋己方是不是可以脱先？**

　　反过来也可以说，**就会注意到：己方的这手棋对方是不是会跟着应一手？**

　　以下一个好点为目标，就需要判断，"己方是否可以脱先？""对方是否会跟着应一手？""下一手的价值有多大？"

　　生活中，最让人难受的事情就是自己的言行被无视。

　　如果是有价值的行为，别人就不能无视，让我们去找到让对方不得不应一手和对方或许不应时其他地方价值大的一手。

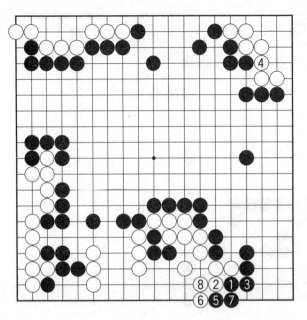

图 7

图7（下一手的狙击价值小）

黑1扳接，下一手的狙击也不过就是黑5扳接（约有15目的价值）。

还是应该像图2~图6那样，以退为进，积蓄力量瞄着下一手的深入追究，目光放远，所得更多。

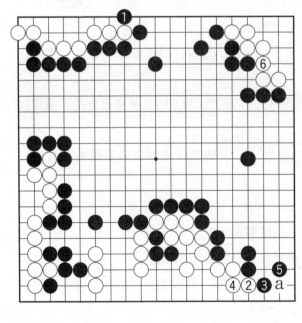

图 8

图8（双先官子）

图1中的黑1如果不走，白2扳成为大官子。对于黑3，白4防守之后，**黑5如果跟着应一手，白棋成为先手，和图6比较，成为双先官子**。如果黑5不补，白a好手。

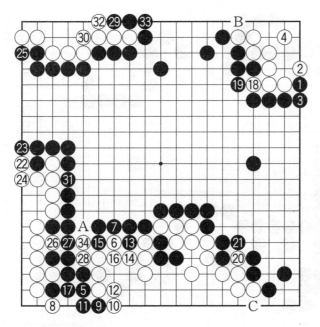

问题图

虽然和官子的关系不大，这里继续介绍一下"围棋十诀"。

逢危须弃：一旦觉察到危险就要弃子。

彼强自保：敌方强势时要自保安全。

势孤取和：势孤力薄之际寻求平和安稳。

慎勿轻速：不急不躁，小心谨慎。

这些都是围棋的启蒙知识，技术方面姑且不论，这些知识作为心态上的准备是极有必要的。

第210页图8之后又进行了34手的局面，终于迎来了最后一幕。

到了这个局面，官子的出入计算都是几目而已，就是我们说的"**小官子**"。面对这种情况，不少人会觉得，这盘棋已经结束了，于是也就不去多想，差不多就行了，下法就变得比较随意了。殊不知，常言道，"**集腋成裘，积少成多**"，细节决定成败，"**精髓往往在细小的环节展示出其神韵**"。

让我们认真坚持到最后的胜利。

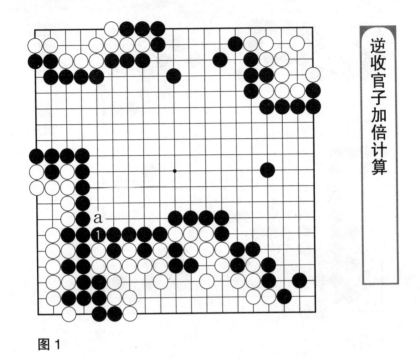

逆收官子加倍计算

图 1

　　并不仅限于官子，**围棋的规律本来就是要下在大的地方**，然而，也有例外，有的时候，也有优先下在小的地方的场面。

　　例如第197页讲到的**"逆收官子"**，一个地方，**由于对方下出了一手之后，还有价值更大的下一手，所以己方不能脱先，不得不应一手，也就是说，对方是先手官子。为了防止对方的这个先手，即便是落了后手也要抢占，夺取对方能够走到的先手权利，这就是逆收官子**——由此可见，官子的计算是非常深奥的。

　　黑1就是"逆收官子"，黑棋走了这手之后，白棋没有必要跟着应一手，黑棋是后手。反过来如果让白1走到，下一手的白a很大（黑棋实地削减约7目，参考图5），所以黑a不得不应，白棋先手削减了黑棋实地1目（和黑1走到的场合相比，出入计算，a位是否能够成为黑棋实地的差别）。

　　"逆收官子"，因为是夺取了对方能够走到的可能性大的权利，所以附加值也高，具有出入计算一倍的价值。

　　黑1就是逆收官子1目，其价值就等于2目。

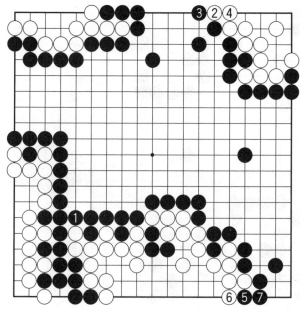

图2

图2（见合的效果）

黑1之后，白2和黑7两处都是**价值相同的2目，因此成为见合**，一方不论走哪个都是后手，不可能两处都走到。如图，白2扳，黑3挡，白4不得不接，黑5、7就可以在右下角扳接。

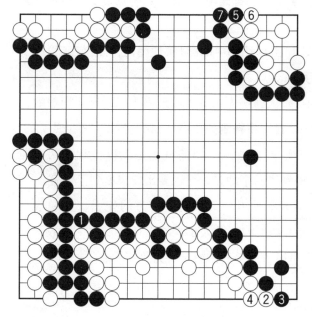

图3

图3（抢到手止）

如果白2在这里扳，黑3挡住，白4不能省，得到先手的黑棋就在黑5扳。

图2和图3都是最后的官子，也就是"手止"——黑棋能够抢占到"手止"就是逆收官子带来的效果。

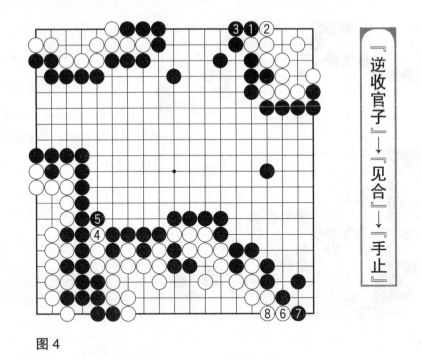

图4

『逆收官子』→『见合』→『手止』

　　黑1或白6位扳，黑棋和白棋的实地都是增减1目，这种场合下，对双方来说都是出入计算2目的一手。

　　然而，白4冲，黑5挡住，和图1～图3中的黑1接住相比，黑棋在5位减少了1目，是出入计算1目的一手。

　　1目棋和2目棋，肯定是2目棋大，优先选择大的地方本来是理所当然的，但是，**图4中的黑1那样的下法，让白棋得到先手后，白6抢到了"手止"。**

　　问题图中的A、B、C三个地方，图2、图3的官子是黑棋得到了两个地方，与此相比，**图4却是白棋得到了两个地方，可以看出白棋占到了便宜。**

　　看上去既是后手好像又不大的地方，为了防止对方的先手，"逆收官子"的手段就恰到好处，判断出剩下的官子大小差不多还是复数（偶数）的场合，成为"见合"，己方就可以占有最后的官子，得到"手止"。

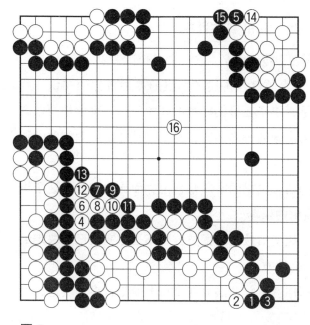

图 5

图5（终局）

白4冲时，黑棋不应脱先的话，那被白6一个劲儿地冲进去，进行至黑13为止，与黑在6位挡的图4相比，黑地减少7目。

而黑5只得2目，损失了5目。

更进一步，黑13的挡落了后手，白14可以回手挡住。

黑15粘上，**大体上双方实地的边界线得到确定，是否终局要看双方同意与否。**

如果白棋不同意，白16打入黑空的话，围绕着决定白棋命运的战斗将要继续下去。

这一节讲述了"逆收官子""见合"以及"手止"，这是到"终局"为止的一系列手法，如果能够掌握的话，当然可以发挥出更好的效果，不过，对于我们来说，终局与否的判断是非常复杂的，作为一种技艺，不是简简单单就能够掌握的。

因此，理解每一手的意思、在实践中体验、验证效果，在这三个步骤反复体会的基础之上加深理解，惟其如是，方能提高。

官子与布局和中盘的战斗不同，因为官子的得失是可以用数学明确算出结论的，希望我们每盘棋都能下到最后，整地之后进行确认。

专栏　**推荐自由摆放的让子棋和倒贴目棋**

我们通过本书而相识，现在即将结束了，在此向各位读者表示感谢！

本书主要是以"让子棋"为题材，讲述了围棋的各种各样的知识，我觉得，围棋最出色的一点就是，**棋子在最初摆放的开始阶段，可以根据双方实力的差距进行调整，对棋力高强的一方加码**，有了这种非常周到细致的考虑，围棋就变得更加有趣。

我们进一步深入探究的的话，围棋的本质是自由，**而自由摆放的让子棋就能够让我们更加享受这种自由的乐趣。**

就像字面所表现的那样，**让子棋最初的摆放位置不是原来就已经决定的星位，而是可以自由摆放在任何地方。**

如果是喜欢小目的人，那你就尽管都摆放在小目上便是，喜欢实地的人觉得三三不错，那你摆在三三不就安心了吗？

还有人喜欢中央，不在意边边角角，直接在棋盘中央布阵或许也非常有趣。

在让子棋对局开始前，"这次怎么布阵好呢？"那种充满兴奋和期待的心情令人快乐。

另外，实力之差也可以不用"让子"来弥补，"很想学习分先的布局"的场合下，可以用"贴目"来调整，也就是**"倒贴目棋"**，我觉得这一定也很有意思。

一般来说，让子棋的一子相当于贴15目左右。

4子局的话，$4 \times 15 = 60$目，9子局的话就是$9 \times 15 = 135$目，棋局结束整地之后，白棋要将这个倒贴目数还给黑棋（下手）。

如果差距更大，还可以增加倒贴的目数，比如200目、300目。

或许会觉得是个笑话，我和小朋友们下棋的时候，总是用这种"倒贴目"的下法，结果是不管我吃掉了盘上多少子，也总是减不了贴目，**下到最后基本上都是下手赢了**（如果是普通的让子棋，有些孩子的黑棋会被全部吃光，那就是1目都没有……）。

由于围棋是任何人都可以自由对弈的极其出色的游戏，我希望大家灵活运用自由摆放的让子棋和倒贴目棋的对局方式，充满快乐地进行交流。

翻译心得

作为早年在日本留学过的职业棋手，回国后又从事过"北方棋艺"日文专栏的翻译工作。所以在刚接到翻译任务时，很快就答应下来。水间先生所著的《围棋打谱提高法：黑棋的作战下法与白棋的行棋意图》和《围棋高手在想什么：基本作战问题大集锦》这两本书，表现形式跨度很大，阐述问题的方式也很新颖。

新颖之一，书中在论述围棋知识的同时，还多角度描述棋手在对局过程时的内心世界。例如上手（高手）在对局时的心态及思考方法，对局面的理解，对未来的预判等做了深入的描述；同时从下手的角度及思考方法，心里障碍，常犯的错误等常见的问题方面做了细致的分析并提出了解决办法。

新颖之二，这两本书受众面很广，跨度较大，列举的问题贯通全局。通过对这些问题，加以深入详细的剖析，归纳出朗朗上口的"口诀"，为爱好者总结出丰富的理论知识，同时以大量的文字讲述了棋手的思考方法、围棋的理论和基础知识，通过简单的实例，阐述了深奥的围棋内涵，以朴实、干练、含蓄的语言，全面描绘出棋手在对局时的思想、感受、喜怒的内心世界，给人耳目一新的感觉。

新颖之三，水间先生的这套书还有一个特点，在每个章节后面，以风趣幽默的短文形式，介绍了围棋在日本的人文风情。例如棋手在对局时的表现、举止、习惯等，使读者在学习围棋知识的同时，还能大致了解到日本的围棋规则，以及围棋在日本社会的影响力。

水间先生的这两本书具有独特的见解，并结合AI时代对围棋的重新理解，全面地讲述了下一盘棋的过程中上手和下手的内心世界，如同围棋爱好者的心理教科书，值得阅读。

本书对围棋棋手的内心世界、思考方法、风土人情等做了大量的描述，给翻译工作带来不小的压力。为了完美解读水间先生的思想并完美地展现出来，提升精准性，邀请了旅日好友刘林先生共同完成此次翻译工作。

最后感谢辽宁科学技术技出版社精心策划此项工作，尽管我们在翻译过程中竭力付出，难免有表述不当及不完善的地方，敬请广大读者多多谅解，批评指正。

鲁健